プロが厳選する

世界大恐慌が来ても絶対大丈夫な株200銘柄

副島隆彦［監修］ Soejima Takahiko
久保 修［著］ Kubo Osamu

推薦文

副島隆彦

本書、『プロが厳選する 世界大恐慌が来ても絶対大丈夫な株 ２００銘柄』は、私の弟子である久保修君（仮名）が、気合を入れて書いたものである。

彼は現役の歴戦のファンド・マネージャーであり、何百億円も顧客たちから資金を預かり、日本株で利益を出して来た。大損をしたこともあると言う。そして彼なりの血尿を出すほどの苦闘の末に、結論に到達した。それはウォーレン・バフェットが教えるバリュー投資（割安株を、半値で買って長く持つこと）であった。バリュー投資こそは投資の極意《ごくい》である、と彼は知った。

そんな子供じみた、株の投資家なら誰でも知っていることを言うな、と読者は笑うだろう。しかしプロのファンド・マネージャーとして、高級な高等数学まで駆使して、実践で相場を張って来た者であるが故に、この結論に達したのである。

この本に挙がっている日本株２００株は、全て、優れた実績と、頑丈な経営実体を持つ、まさしく「大恐慌でも戦争でも、何が起きても大丈夫な株たち」である。経営陣がしっかりしていて技術力もあり資金（内部留保）もしっかりと持っている。

この本に書店で出会って、持《も》ち前《まえ》のその鋭い嗅覚《きゅうかく》で、この本に載っている株たちを一覧しただけで「これは本物だ」とすぐに感づく人たちは、本当のプロ並みの株式投資家である。

こんな厳しい時代に、それでも株の売り買いで儲《もう》けを出している人たちがいる。彼らは、変な騙《だま》しには乗せられない。騙されたら自分の〝虎の子〟の資産を失う。身を切られる思いである。投資は、やっぱり博奕《ばくち》である。どんなに気取って健全な資産の運用とか言ってみてもギャンブルである。不確実（uncertainty《アンサーテインティ》）である先のこと（近《きん》未来）にサイコロを振って、己《おの》れの才覚で厳しく勝ち残らなければ済まない。敗残者は、自分の知恵と用心が足りなかった、と去ってゆくしかない。

真剣勝負で、自分の身銭《みぜに》を賭ける者たちにウソは通用しない。全ての勝負は、勝つか負けるか、の丁《ちょう》（偶数）か半《はん》（奇数）かのどちらかで決まる。中途半端はない。あたりか外れ、のどっちかだ。

「儲《もう》ける」という言葉は、不思議な気がするが、「信じる（偏《へん》）に者《もの》」と書く。

自分が「これは本物だ。ウソはない」と、心底《しんそこ》信じて惚《ほ》れ込んで買う株こそは、自分の宝物だ。

著者の久保修君は、早稲田大学大学院のファイナンス研究科を出た秀才だ。彼が言うには、「金融エリートたちは高級な金融理論（ファイナンシャル・セオリー）を学び、それに従って投資を行いました。そして皆、大失敗しました。客に大損をさせました。彼らは理《り》路《ろ》整《せい》然《ぜん》と間違ったのです」と。

久保君自身も、血の小便を垂らしながら苦闘の末に、長期投資を旨《むね》とするバリュー投資こそ高いリターン（利益）を上げられる、と悟った。人間、痛い目に遭《あ》わないと成長しない。

株式投資（ここもやっぱり博奕《ばくち》の世界だ）もまた、厳しい人生の修行の場なのである。

２０２３年６月10日

副島隆彦

買いなさい！

5011 ニチレキ

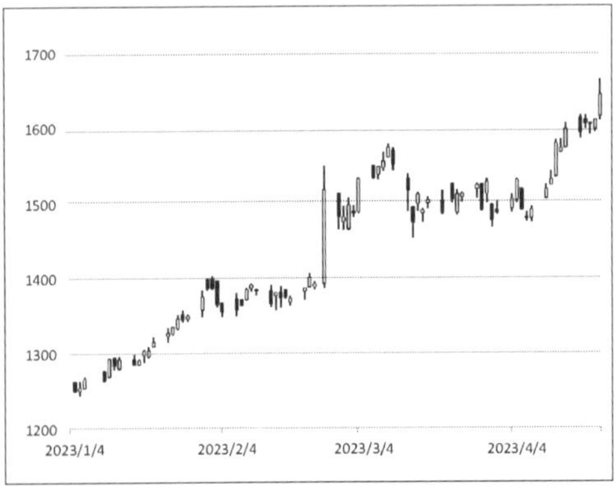

☞ 詳しくは
P.181

5351 品川リフラクトリーズ

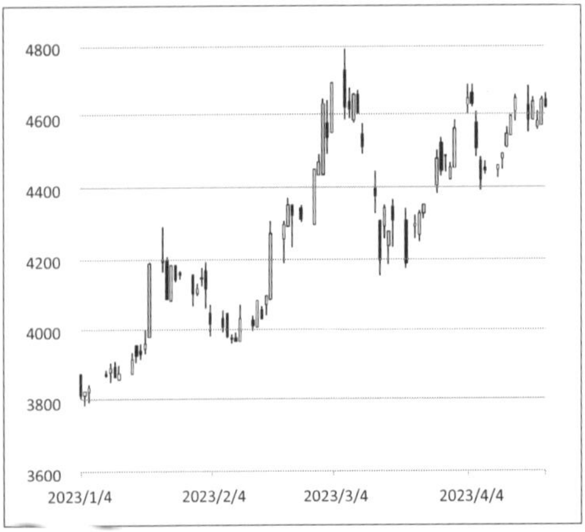

☞ 詳しくは
P.96

今すぐこの株を

6289 技研製作所

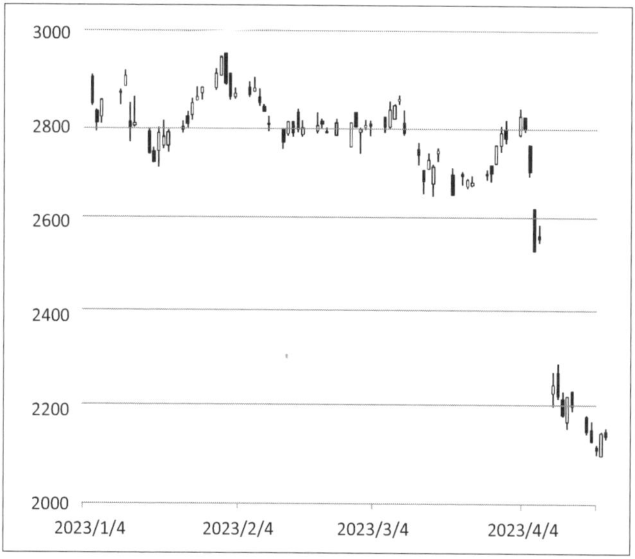

☞ 詳しくは P.101

投資は自己責任で行ってください。本書を読んで投資した結果について、出版社、著者、監修者は一切責任を負いません。

『プロが厳選する 世界大恐慌が来ても絶対大丈夫な株２００銘柄』◆目次

装丁・泉沢光雄
株価チャート・青木宣人

序章

大動乱の時代の絶対賢い株式投資

バリュー投資とは何か

アメリカの有名な大《だい》投資家のウォーレン・バフェット氏がバリュー投資を奨《すす》めて半世紀が経つ。バリュー投資の大切さは現在では日本でも広く知られている。

だが、これを日本人の投資家の皆さんに、分かり易く、腑《ふ》に落ちるように、私が説明してみよう。

バリュー投資（Value Investment）とは、ズバリ、「割安株に投資せよ」ということだ。

１００円の価値がある株を安価の50円で買いなさい、ということだ。そしてそれが１００円になるまで、５年でも10年でも保有し続ける。この投資手法のことだ。バリュー投資とは「半値（本来の価値の半分の値段）で買って長期保有しなさい」という単純な投資法だ。

「割安かどうか」を見定めることを「バリュエーション」Valuationという。「見立て」「見極め」のことだ。

本書では、私が推奨する２００銘柄ひとつずつに、バリュエーションの代表的な尺度である、ＰＥＲ（パー、あるいはピーイーアール）と、ＰＢＲ（ピービーアール）と、配当利回り、の３つの指標を載せた。それぞれの章の始めの一覧表の中に掲載している。

株式投資家ならば、自分の感覚（直観《ちょっかん》）で、「割安かどうか」が分かる。自分がピンとくるかどうか、が一番大切だ。

株価を見て「ああ、これは安いな」と思う株があれば、その株についてまず調べてみよう。

本書では、私がピンとくる銘柄を２００紹介している。また、各社の事業の概要や近年の業績動向など、基本的なことを書いている。この２００銘柄の中に、読者が一目見ただけでピンとくる株があるだろう。

ちゃんと利益が出ているか。配当は出ているか。PER、PBRを見て「やっぱり安いなあ」と思うかどうか。**「自分がピンとくるかどうか」を一番大事にしてください。**

そのうえで各種のバリュエーションを見て、確認する。

そしてその株を買ったあとは、自分が妥当だと思える株価になるまで保有する。

途中、事業が計画どおりうまくいかなくて、損を出す企業もある。だが、ここに私が厳選した２００の企業は、パブル崩壊後、衰退する一方の日本で、それでもしぶとく生き残ってきた企業ばかりだ。「潰されてたまるか」「騙されてたまるか」「餌食《えじき》にされてたまるか」で、経営者と社員が死に物狂いで生き残ってきた、土性骨《どしょうぼね》の座った企業たちだ。

日本経済は今も衰退する一方だ。だが、それでもまだ個別の企業はしっかりしている。日本のインフラを支える企業で、「自分がピンとくるかどうか」を大事にして、「ああ、これは安い」と思える株に投資する。そして5年でも10年でも保有しましょう。

「バリュー投資以外に、株式投資で利益を出す方法はない」というのが、四半世紀にわたり相場を張ってきた、筆者である私の結論です。

◆米ドル中心の体制から、ロシアによる実物経済圏の構築へ

アメリカは、１９７０年代以降、金《きん》と原油を世界中でドル建てで取引させ、先物《さきもの》市場を使って世界価格をコントロールする、米ドル中心の経済システムを構築してきた。

それに対してロシアのプーチン大統領は、ちょうど西暦２０００年にロシアで権力者の座についた。天然資源と穀物など実物の物資（コモディティ）に裏付けされた国家経済システムを作ってきた。

ウクライナ戦争で、アメリカを盟主とする西側諸国（the《ザ》 West《ウエスト》）は、自分たちの経済システムからロシアを締め出し、同国の通貨ルーブルを紙切れにして破綻させようとした。それに対抗してロシアは、中国やインド、中東の産油国など欧米先進国以外の残りの国々（the《ザ》 Rest《レスト》という）との結びつきを強化して独自の経済圏を確立しようとしている。ウクライナ戦争は、実質的には米と英 対《たい》 ロシアの戦いだ。日本国内では、「西側諸国は団結しておりロシア崩壊は時間の問題である」という論調が主流だ。だが、現実はどうもそうではない。むしろ中国を始めとするＢＲＩＣＳ諸国とサウジアラビアを始めとする産油国は、米ド

ル中心の体制から、ロシア型の実物経済中心のシステムへの転換を目指しているようだ。

◆機能不全に陥りつつあるペトロダラー体制

今から52年前の１９７１年8月に〝ニクソン・ショック〟という金融史に残る大変化が起きた。

これでベトナム戦争で経済が疲弊したアメリカが、ドルと金《きん》の固定比率を撤廃した。それまではドルは兌換《だかん》紙幣（コンヴァーティブル・バンクノート）であり、いつでも政府間では金《きん》と交換ができ、その比率が法律で定められていた。それがニクソン・ショックの結果、ドルの価値が誰にも分からなくなった。この時、シカゴ・マーカンタイル取引所（ＣＭＥ）を作ったレオ・メラメドという人物が登場した。レオ・メラメド（１９３２年生、今91歳）は、シカゴ大学教授のミルトン・フリードマン博士から理論的支援を受けた。そして１９７２年に、通貨の先物《さきもの》取引を開始した。「ドルの価値が分からないのであれば、市場参加者がそれを勝手に決めていいはずだ」という考えだった。翌１９７３年に、ブラック博士と、ショールズ博士と、マートン博士の３人の金融論の経済学者が、ブラック-ショールズ・モデル

（ＢＳモデル）というオプションのプライシング（価格決定）モデルを発表した。この３人の博士は、当時、シカゴ大学の教授だった。ニクソン・ショックで、通貨が世界中で変動相場制になり、通貨先物取引を行う場がシカゴ・マーカンタイル（ＣＭＥ）取引所として出来て、ここでデリバティブでの価格が、ＢＳモデルで、誰でも計算できるようになった。このことにより、デリバティブ取引がアメリカで爆発的に普及した。もともとデリバティブ（derivative）なるものは、リスクヘッジ（投資リスクの回避・軽減）のために開発されたツールだ。それが元々《もともと》の目的を逸脱して専《もっぱ》ら投機の道具として、使われるようになった。

現在では、デリバティブ取引は、通貨、株式、債券、（小麦、大豆、原油、金《きん》などの）あらゆる商品、そして不動産にまで、ありとあらゆる分野に浸透している。

特に１９９１年にソビエトが滅んで、冷戦（コールド・ウォー）が終わった後は、グローバル資本主義に歯止めがかからなくなった。今もデリバティブ取引が暴走している。

企業が倒産することで儲けが出る保険の仕組みから発達したＣＤＳ《シーディーエス》なるものや、人々の恐怖心そのものに賭ける恐怖指数（ＶＩＸ）など、人間の不安心理と不幸そのものに賭けるデリバティブまで組成され取引されている。

このデリバティブ取引の暴走によって、日本のバブル崩壊（１９９１年）、アジア通貨危機（１９９７年）、リーマンショック（２００８年）などの、一国の経済システムを揺るがす金融危機（マネー・クライシス）が頻発するようになった。特に２００８年のリーマンショック以降、１秒間に10億回の取引をするという高頻度取引（ＨＦＴ《エイチエフティー》。ハイ・フリークエンシー・トレイディング）が台頭し、また、各《かく》市場間をまたぐグローバル・トレーディングが普及した。このことで、世界中の金融市場は一層不安定になっている。

それに対してウクライナ戦争（２０２２年2月24日から）を契機に、ロシアが天然資源などの実物資産（タンジブル・アセット）に裏付けられた経済システムを構築しようとしていることは注目すべきだ。

１９７１年のニクソン・ショックで、ドルは不安定な不換紙幣になった。しかし、現在でもドルに対する信用がかろうじて維持されている。

その原因は「ワシントン・リヤド密約」にある。この「ワシントン・リヤド密約」というのは、１９７３年に、ヘンリー・キッシンジャー国務長官（当時）がサウジアラビアの首都リヤドを訪問し、ファハド王太子（当時。のち国王）と会談した。米国がサウジアラビアに安全保障を提供する。その見返りとしてサウジは原油取引の決済通貨としてドルを用いること。またサウジが原油を売って得たドルで、米国債を購入すること、が取り決められた、と言われている。世界のエネルギー（石油が中心）を、米国の軍事力とドル建ての取引でコントロールすると決めた。この体制は、今も「ペトロ（オイル）ダラー体制」と呼ばれている。

この「ペトロ（石油）ダラー体制」では、前述したＣＭＥ傘下《さんか》の、ニューヨーク・マーカンタイル取引所（ＮＹＭＥＸ《ナイメックス》）で取引されている原油先物取引は、ＷＴＩ《ダブリュティアイ》（west texas intermediate、アメリカ国内の原価の価格）が指標として採用される。その取引通貨は米ドル、取引単位はバーレル（樽。１５９リットル）が使われている。米国は、その後のいわゆるシェールオイル革命によって、米国内で新たに掘り出す原油によって２０１７年以降、世界最大の産油国となっている。

それまでは、サウジアラビアが世界最大の産油国だった。中東産の原油ではなく、敢《あ》えてテキサス州とニューメキシコ州の原油を指標として採用（それがＷＴＩだ）した。それを米国の先物市場でプライシング（値付け）する。米国の取引単位とドル建てで取引させる。その代わり米国がサウジアラビアに安全保障（軍事支援）を提供することで取り込み、中東を安定化し、米国債を買わせる。

この仕組みの完成によって、米国は世界のエネルギー、特に原油価格を以後50年以上コントロールしてきた。しかし、その後のＥＵの発足と中国の台頭によってユーロと人民元での貿易決済が始まった。そのために、欧州で普及した「北海ブレント」価格やアジアで普及した「ドバイ原油」価格という、ＷＴＩ（西テキサス価格）以外の新たな指標での原油取引が浸透した。このために米ドルの相対的な地位が年々低下している。

　同じくＣＭＥ（シカゴ・マーカンタイル取引所）傘下《さんか》の、もうひとつの商品先物市場であるニューヨーク商品取引所（ＣＯＭＥＸ《コメックス》）で取引されているのが金（ゴールド）先物取引である。この金の先物の取引の通貨は、ドル建てである。取引単位は、トロイオンス（31・１グラム）が使われている。この取引所の先物価格が、長らく世界中の金（ゴールド）の価格の指標とされてきた。しかし、近年、中国の上海黄金交易所（ＳＧＥ）が台頭したことにより、金取引、特に現物《げんぶつ》での金の取引の価格決定権が、米国から中国へと徐々に移行しつつある。驚くべき事実である。ＳＧＥ（上海）の通貨は、人民元であり、取引単位はグラムだ。

　米国は、ニクソン・ショック（１９７１年）によりドルの力は兌換紙幣（金《きん》と交換できる）から不換《ふかん》紙幣へと転落した。この弱体化したドルを、軍事力とドル建て取引、先物市場による価格決定権という手法を使うことで何とか今日まで維持してきた。しかし、アメリカは上記のような要因を始めとする多くの問題を抱えて、ペトロダラー体制は今や急速に機能不全に陥りつつある。

◆「日本の借金は内国債だから財政破綻しない」論は極めて危険

日本にとっては、冷戦崩壊（１９９１年）直後の１９９０年代前半は、バブル経済（高度成長）の絶頂期であり、対米自立のチャンスだった。当時、アジア諸国は、まだ資本の蓄積が不十分だった。そのためグローバル資本主義の投機攻撃に晒《さら》されていた。このアジア諸国と、経済が破綻したため、資源がありながら資本と技術が不足していたロシアは、日本からの資本力と技術力に期待した。そうした国が多数あった。しかし日本は、このチャンスを活用できなかった。日本の現実は、バブル崩壊に伴う大銀行の不良債権問題に手間取った。そこに円高（１ドル１００円割れ）が加わったことで、金融経済も実体経済も苦戦を強いられ続けた。その結果、現在の日本は、アメリカのグローバル資本主義に積極的に組み込まれた。そうやって必死で国家の生き残りを図っているように私には見える。

現在、日本取引所グループ（ＪＰＸ、東証《とうしょう》）は、安倍政権発足後まもなく、「コロケーション」を始めた。コロケーションというのは、取引所（東証）のデータセンターに、１秒間に10億回もの高速取引を行う超《ちょう》高速の取引業者（ＨＦＴ業者）のコンピューターを置かせて売買させる「場所貸し」のことだ。現在、49社のＨＦＴ業者（２０２３年3月22日現在）が超高頻度取引を行っている。

日本銀行は、実質的な国債引き受けを通じて超《ちょう》金融緩和（ＱＥ《キューイー》）を継続している。２０２３年４月24日現在、日銀の保有する日本国債は５８３兆円だ。また、日銀はいわゆるＥＴＦ（実は大企業の株）を37兆円保有して、株価吊り上げを実施している。

日本では、いわゆるＭＭＴが幅を利かせている。アメリカで宣伝されたこのＭＭＴは、「現代貨幣理論」という愚かな新奇の経済学の理論である。「日本には２０００兆円もの個人資産がある。だから、それに見合った負債（赤字国債）をいくらでも発行しても問題はない。だからいざとなったらお札をいくらでも刷り散らせばいい」との論調がいまだに主流だ。私はこの見方を懐疑する。

プラザ合意（１９８５年）以降、円高が進んだ。日本の大手の生保や銀行、証券会社は、バブル経済まっ盛りだったので巨額の日本マネーを引っ提《さ》げて、米国債を大量に購入した。しかしその後の円高により、これらのマネーは為替差損をこうむって、かなり目減りしている。今ではほとんどの銀行と生保が、アメリカの国債売買のプライマリー・ディーラーから撤退している。

日銀が保有する国債の含み損が急拡大

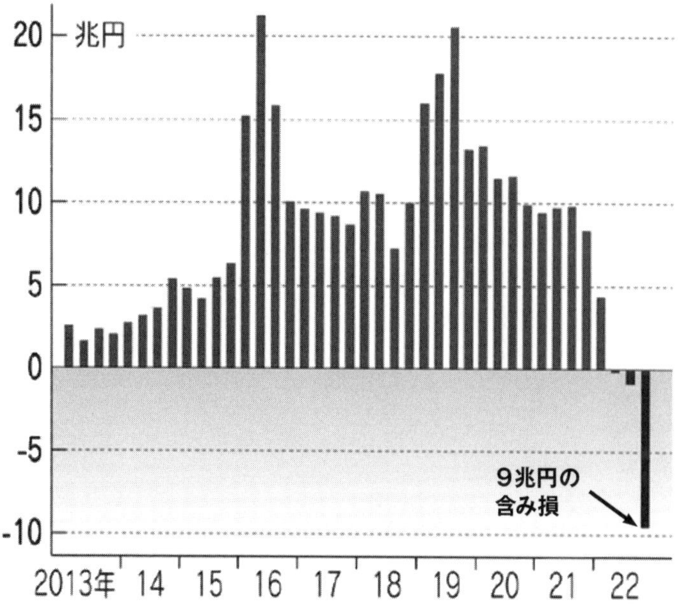

日銀の「営業毎旬報告（令和４年 12 月 31 日現在）」と「資金循環統計（速報）（2022 年第４四半期）」を用いて作成

米国債を高値摑《づか》みで摑まされ、それが円高で目減りして、ほっかむりしてほうほうの体で帰ってきた。これが残念ながら実態だ。生保や銀行が現在、保有している外貨（すなわちドル建て資金）の運用がどのような状況なのか、正確な数字が出て来ない（公表されない）ので分からない。相当目減りしているはずだ。また生保や銀行の外債運用以外でも、米国にかなりの資金が還流しているはずだ。

プラザ合意以降、日本国に一体どれくらいの金額の損失が米国債の運用失敗で生じたかを見極めなければいけない。そうしないと日本の金融資産の正確な把握はできない。２０００年代の円高でかなりやられただろう、というのが私の判断だ。

「米国債への投資に対して、日本国債は内国債であり、国内でほぼ消化しているからデフォルト（破綻《はたん》）する可能性は低い」という論調が多い。だがこの考え方は危険だ。この考え方は、「いざとなったら預金封鎖や新円切り替えで、巨額の赤字国債を国民の貯蓄でファイナンス（帳消し、棒引き、借金相殺）できるから、問題ない」という考え方につながる。日本政府にとっては願ってもない奇策である。案外この手を政府は本気で考えているだろう。

少子高齢化とそれがもたらす人口減（真実は年間１００万人ぐらいずつ減っている）で、日本の経済力は落ちている。このような中、国家（公共部門）の借金だけが増え続けている。

2023年は2022年を上回る食品値上げラッシュ

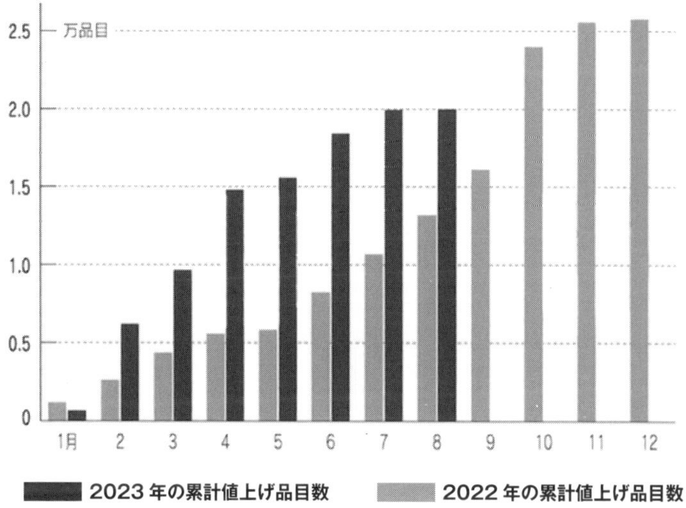

帝国データバンクの「『食品主要105社』価格改定動向調査―2022年動向・23年見通し」と、「『食品主要195社』価格改定動向調査―2023年4月」を用いて作成

しかも足元ではインフレと前記したペトロダラー体制の崩壊が同時並行で進行している。米中心のペトロダラー体制を前提にした輸出立国で、経済活動をしてきた日本にとって、貿易条件はこれから悪化していく。いずれ「借金の増加に対して日本は経済規模が小さ過ぎる」という認識が世界でされるようになる。

そうなった時に国（政府）は日本国債のデフォルトを甘受しない。その代わりに金融緩和、預金封鎖と新円切り替えを実施する可能性が高い。現在のインフレもウクライナ戦争が最大の原因だ。無制限金融緩和に伴う円安が、インフレを助長している。日本国債のデフォルトリスクをヘッジするために、無制限金融緩和を実施してきた（２０１３年から）日銀は、インフレ・リスクを市場に吐き出した。

そして市場に吐き出されたインフレ・リスクは、ウクライナ戦争の結果、我々国民に浴びせかけられた。インフレの影響は食料高や電気代高騰《こうとう》をもたらしている。特に年金生活者の暮らしを壊し始めている。

「いずれ大きなツケを国民に払わせるしかない。国民生活を守るために仕方なく無制限金融緩和をやったのだから」という理屈が、多くの「財政破綻はしない」論者の前提にあると私は睨《にら》んでいる。仮に国債制度が壊れなくても、その身代わりに国民生活が壊れてしまったら、何のために財務省と日銀があるのか。第２次世界大戦後の昭和21（１９４６）年に「預金封鎖」と「新円切り替え」で国民生活は破綻した。同じことが起こると私は予言する。来年２０２４年に、新紙幣が発行されることが決まっている。そこで何かが起こる。

◆ウクライナ戦争の帰結としての実物経済の台頭、ペトロダラー体制の崩壊

今回、ロシアが特別軍事作戦（ウクライナ戦争）を発動した背景には、ソ連崩壊とＮＡＴＯの東方拡大があった。１９９１年のソ連崩壊時には、16か国であったＮＡＴＯ加盟国は、その後、東欧諸国へ拡大し、現在では31か国へと増加している。この４月には、新たにフィンランドが加盟した。

ロシアは長い間、経済の破綻によってもたらされた国内問題に注力せざるを得ず、ＮＡＴＯの東方拡大に対して為す術がなかった。このような中、プーチン大統領は２０００年に大統領に就任して以降、オリガルヒ（新興財閥）の掌握とエネルギー企業の国有化によって国内の経済問題を解決し、併せて資源外交を展開して、中国、産油国、アフリカやアジアの新

興国との結びつきを強化した。

プーチン大統領の権力掌握のプロセスと国内経済の立て直し、資源外交については、『コールダー・ウォー』（マリン・カツサ著、渡辺惣樹訳、草思社、２０１５年）に網羅的に記述されている。

アメリカは、ロシアに対して、ウクライナでオレンジ・クーデター（２００４年）、マイダン・クーデター（２０１４年）で親米《しんべい》政権を誕生させて、西側諸国の一員として取り込んだ。その上でロシアとウクライナ（及びヨーロッパ）が激しく対立するよう仕向けてきた。

アメリカは中国に対しては、クアッド（ＱＵＡＤ。日本、アメリカ、オーストラリア、インドの4か国）やオーカス（ＡＵＫＵＳ。オーストラリア、イギリス、アメリカの3か国軍事同盟）で、中国の一帯一路（ＯＢＯＲ One《ワン》 Belt《ベルト》, One《ワン》 Road《ロード》 Initiative《イニシアティヴ》）に対抗しようとしている。

２０２０年に、バイデンがアメリカ大統領に就任して以来、ロシア、中国との対決姿勢は一段と露骨になっている。２０２１年1月26日、バイデン大統領は、プーチン大統領との大統領就任後の初めての電話会談で、ロシアがアメリカに選挙介入した疑惑がある、と言い、「国益を守るために断固とした対応を取る用意がある」と発言した。

ウクライナへの米国の軍事費はすでにベトナム戦争の半分以上に到達

米国の推定年間軍事費（単位：億ドル）

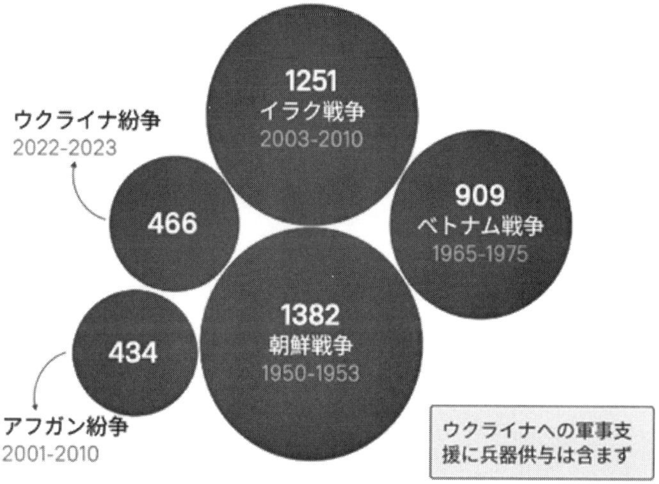

出典：キール世界経済研究所、オープンソース　SPUTNIK

出所：2023年3月30日、Sputnik『【図説】かさむ支出　米国のウクライナ支援、ベトナム戦争の半分以上に』(https://sputniknews.jp/20230330/15484840.html)

同年３月17日のＡＢＣのインタビューで、「プーチンは人殺しだと思うか」との質問に、「そう思う」とバイデンは答えた。ロシアは反発したが、バイデンはこの発言について謝罪も撤回もしなかった。アメリカのバイデン政権は、ロシアと中国に対して極めて攻撃的な姿勢をとっている。だからこそ中露両国（チャイナ・ロシア・アライアンス）が、お互いの利益が一致しない部分があるにもかかわらず、対《たい》アメリカでパートナーとして共同歩調をとるようになったと考えられる。

このような中、ウクライナ戦争は勃発した。２０２２年２月24日の開戦から２日後の２月26日にはただちに、ロシアに対する金融制裁が発動された。具体的には、国際決済システムであるＳＷＩＦＴ《スウィフト》からロシアの大手銀行を締め出した。

それに加えてロシア中央銀行の外貨準備高の50％に当たる３０００億ドル（36兆円）を没収した。同年４月には、最大手の国有銀行ズベルバンクと民間金融機関の最大手アルファバンクを、米財務省の制裁対象者に指定した。米国内にある資産凍結や米企業との取引停止が実施された。ただしそれでもエネルギー関連の取引と国営ガス大手のガスプロム傘下のガスプロムバンクとの取引は対象外とされた。

恐らく米国は、ロシアの銀行を完全に締め出したかった。だが、欧州がロシアの天然ガスに大きく依存している。だから、ロシアの銀行を完全に締め出してエネルギー関連の取引が出来なくなることに欧州は反対しただろうことが推察される。ここに米英と欧州大陸国の「分裂線」が存在することが見てとれる。

　西側諸国（The West）はロシアを自分たちの経済システムから締め出した。このことに対して、ロシアは実物に裏付けられた経済システムを構築する試みを加速している。このことを私は強調してきた。ロシアの国営ガス会社であるガスプロム社は、２０２２年４月以降、天然ガスの販売代金を、ルーブルで払うことを求めている。

　このロシア側の要求に対して、同年４月６日にＮＡＴＯ加盟国であるハンガリーがルーブル建てでの天然ガスの決済に同意した。ただし実際は、天然ガスの購入代金をユーロで支払い、それをガスプロムバンクがルーブル転換することでルーブルでの決済と見なしている。実質的にはユーロでの支払いが認められている。

　同年3月25日に、ロシア中央銀行は、１グラム＝５０００ルーブルの固定価格で金《きん》を買い取ることを宣言した。ルーブルの価値を、金《きん》で保証したということだ。また天然ガスの購入にルーブル決済を紐づけた。このことと金《きん》をルーブルとの固定比率で買い取ることをあわせて行えば、ルーブルを通じて、金《きん》と天然ガスを交換することが可能となる。金で天然ガスの支払いをする、ことと同じだ。
ＢＲＩＣＳ（ブラジル、ロシア、インド、中国、南アフリカの5か国）の一員である中国とインドは、ロシアに対する西側諸国の経済制裁を機に、ロシアとのエネルギー取引を急増させた。天然ガスも同様だ。特に中国は、ロシアと地続きであることからパイプラインにより直接天然ガスの供給を受けている。今や中国はドイツなどの欧州大陸国と同じ条件下にあると言える。中国は２０２１年、日本を抜いて世界最大の天然ガス輸入国になった。
天然ガスの輸送方法は2つある。液化天然ガス（ＬＮＧ《エルエヌジー》）として船積みで輸送する方法と、圧縮天然ガス（ＣＮＧ《シーエヌジー》）としてパイプラインで輸送する方法である。現在の中国の調達方式はＬＮＧが6割、ＣＮＧが4割だ。ＬＮＧガスの主たる輸入国はオーストラリア及びアメリカであり、ＣＮＧガスはカザフスタン、ミャンマー、ロシアからだ。
ロシアからの中国へのガスの輸送は、現在、「中国ロシア線」でなされている。２０１４年に両国が同意し、２０１９年から一部稼働を開始した。現在、総延長の3分の2がシベリア東部から中国河北省内まで通っており、年間１００億立方メートルの天然ガスが供給されている。２０２４年には３８０億立方メートルまで供給量を拡大する。全線完工は２０２５年の予定で、上海まで到達する、総延長５０００㎞にも及ぶ大プロジェクトだ。

新たにロシアから中国へ２つのパイプラインの建設が計画されている。その１つは「中国ロシア極東線」で、日本に近いサハリンのガス田から供給される。ウクライナ戦争直前の２月の北京冬季オリンピックの開会式に合わせて、プーチン大統領が訪中した時のタイミングで、中国石油天然ガス集団とガスプロムの間で協議書が交わされた。

日本も参画しているサハリンプロジェクトが頓挫《とんざ》したときのリスクヘッジとして、このプロジェクトが浮上した。

もう１つの計画は「中国‐モンゴル‐ロシア線」だ。現在、ヨーロッパ向けに供給している西シベリアの天然ガスを東に振り向け、中国に供給する。西シベリアは天然ガスの埋蔵量がロシアで最も豊富だ。「ノルドストリーム１、２」を通じてヨーロッパ向けに供給されていたが、アメリカによって爆破された。新たなパイプラインでヨーロッパだけでなく中国へ供給される。

ヨーロッパは、今後ウクライナ戦争が終わっても、ロシア製ＣＮＧを、より不利な条件で調達することを余儀なくされる。オーストラリアとアメリカからの中国向けＬＮＧは、これらのロシア産ＣＮＧと競争が一段と激化する。

ロシアからヨーロッパへの天然ガスの供給はまだ続いているが、ロシアはいざという時には振替先として中国への供給を増やす。豪米から中国へのＬＮＧの輸出は減ってゆく。中国にとっては、ウクライナ戦争でヨーロッパとロシアが敵対しているから、西シベリアからの調達も増やして、ヨーロッパ向けの天然ガス分を自分の方へ振り向けてもらう。中国を露骨に敵視する豪米からのＬＮＧ輸入を減らして、エネルギーの安定調達を実現している。

◆金と天然ガスに裏付けられたルーブルがドルより遥かに安全

中国はここ10年で、世界最大の金《きん》の産出国となった。公表されていないが、1年間に１０００トンぐらいを産出する。同時に最大の保有国になった。おそらく3万トンぐらいを保有している。経済成長と共に国民の宝飾需要が急激に伸びている。前述した、上海黄金交易所（ＳＧＥ）は金《きん》の現物取引で存在感をさらに高めている。世界最大の金《きん》の産出国でありかつ消費国である中国の実需の動向を推し量る上で、同取引所の価格動向が重要になっている。

　このことは、前述した先物《さきもの》市場を使って金《きん》とドルの乖離《かいり》（分裂）を画策しているアメリカにとって、根本的な脅威だ。中国は、繰り返すが、アメリカからの敵視政策で、エネルギーの安定供給のためにロシアとの連携を深めている。それだけでなく、２０２２年12月10日、

2022年12月10日、サウジアラビアのリヤドで開かれた中国・アラブサミットで一同に会する各国首脳たち

中国と、サウジアラビアを含むアラブ連盟21カ国・機構（エジプト、イラク、ヨルダン、レバノン、サウジアラビア、イエメン、リビア、スーダン、モロッコ、チュニジア、クウェート、アルジェリア、アラブ首長国連邦、バーレーン、カタール、オマーン、モーリタニア、ソマリア、パレスチナ自治区、ジブチ、コモロ）の首脳と、アラブ連盟事務局長、国際機関が出席した。

中国の習近平は、アラブ諸国21か国との中国・アラブサミットを開催し、中東の原油をも安定調達しようとしている。アメリカからの圧迫が増せば増すほど、両国の連携は強化される。

金《きん》に対する世界的需要の高まりは、ＢＲＩＣＳなどのいわゆる新興国だけにとどまらない。先進国を含む多くの国々が、金《きん》の購入を増やしている。発展途上国までが増やしている。その背景には、近年の経済成長で自国通貨に信用を付けるために、金《きん》の保有を増やすことで、自国通貨の価値を少しでも安定させたい思惑がある。

リーマンショック以降の金融緩和によってもたらされたドルの世界的なだぶつきによって、途上国の中央銀行までが現物の金《きん》を買い増している。それに対して欧米の先進国は「金持ちのボンボン息子」の例《たと》えのとおり、財産を売り喰いしているので金《きん》を市場で売却している。

ニクソン・ショックにより、ドルは不換紙幣（fiat money）となった。金《きん》と交換できない紙切れと化した。だから金《きん》に対して98％以上も下落している。金《きん》の先物市場を凌駕するほどに現物市場が台頭した。先物取引を使った価格支配力が低下している。そこへ冒頭で書いた「ロシアによる実物経済圏の構築」という新たな脅威が生まれた。正確には、ロシアが脅威を生み出したのではなく、アメリカがロシアを自分たちの経済システムから締め出した結果、ロシアが生き残りを賭けて実物経済圏の構築を始めたのだ。先に仕掛けたのはアメリカだ。

ウクライナ戦争で、ロシアは中央銀行の外貨準備の半分が先進諸国で没収され、ＳＷＩＦＴからも締め出された。アメリカは、既存の経済システムからロシアを締め出せば、ルーブルは紙切れと化し、ロシア経済は破綻すると目論んでいた。経済制裁（エコノミック・サンクション）には、それだけのインパクトがあると踏んでいた。英と米はウクライナに武器供与と資金供与のみを行い、短期で勝とうとした。しかしそれに失敗して、ロシアを長期戦に引き摺《ず》り込んでしまった。

それに対抗してロシアは、ルーブル、エネルギー、金《きん》の３者を連結させ、現物資産に裏付けられた独自の経済圏を構築すべく、中国を始めとする国々との連携を深めている。

アメリカのロシアに対する強硬手段としての資産没収やＳＷＩＦＴからの締め出しを、目の当たりにした先進国（Ｇ７）以外の「その他の国々」（the《ザ》 Rest《レスト》 残りの全部）は、これまで最も安全であると思っていたドルと米国債が自分たちも「没収されるリスク」を意識し始めた。このことは、極めて大きな変化だ。

この没収リスク（ゾルタン・ポズサー氏の理論）が顕在化して、ニクソン・ショック（１９７１年）以降、金《きん》に対して98％以上暴落している米ドルと、金《きん》と天然ガスに裏付けられた通貨であるロシア・ルーブルとで、一体どちらが安全か。

また、エネルギーと穀物の安定調達の観点から、ロシアと敵対することは果たして得策か。世界の多くの国々は、アメリカの意向に逆らわないよう注意深く行動している。ところが一方で、ロシアと連絡を取り合っている。

特にアメリカとの対立が激化している中国は、国際緊急経済権限法（ＩＥＥＰＡ）が発動されることを恐れている。このＩＥＥＰＡは、大統領令（プレジデンシャル・オーダー）で、アメリカにとって不利益な取引そのものを「一瞬でなかったことにする」という奇怪《きっかい》な法律だ。これは資本主義の根幹である取引の自由（自由市場の原理）を破壊する恐るべき統制法律だ。金融経済での戒厳令《かいげんれい》（マーシャル・ロー）である。中国がニューヨークで一気に米国債を売り払おうとした時には、このＩＥＥＰＡが発動されるだろうと言われている。

アメリカはいざとなったら何でもするということを、中国は理解している。だからこそ中国のドルに対する不信感は年々高まっている。

前述した現在のペトロ（オイル）ダラー体制は、ウクライナ戦争の趨勢《すうせい》次第で全面的に崩れる可能性がある。ロシアによる「侵略」に対して、口を極めて非難している西側諸国が、ロシアを阻止できなければ、アメリカとＮＡＴＯに対する信頼は低下する。アメリカ帝国の最後の砦《とりで》である軍事力に対する不信感は、ドル基軸体制にとって致命傷になる。

◆ドル覇権は自壊する

アメリカの現状は、自分たちが仕掛けた戦争と経済制裁によって、自分たちの世界管理体制が壊れそうだ。ドル覇権は早晩崩壊するのではないか、と私は思いを強くする。私たちは、世界史の大転換期に直面している。

今年2023年3月以降、アメリカの没落とロシアの台頭、ドル覇権の崩壊と実物経済の台頭はより鮮明になっている。3月に、シグネチャーバンクとシリコンバレーバンクなど、中小の米国銀行が相次いで破綻した。5月1日にはファーストリパブリック銀行が経営難に陥って、即座にJPモルガン銀行に吸収合併された。

アメリカはインフレを食い止めようとして中央銀行（FRB）の急速な利上げで、米国債の債券金利が上昇し、これらの銀行が保有していた債券価格が下落した。債券下落に対して、これらの民間銀行は、預金者への利子を支払うために、より利回りの高い債券へと手元資金の組み直し（リバランス）を実施した。しかし銀行たちのリバランスを知った預金者たちは、「この銀行は保有債券を投げ売りしている。危ない銀行だ」と判断して、一斉に預金を引き出す動きに出た。その結果、一瞬のうちにシリコンバレー銀行など複数の中堅の地銀《ちぎん》（リージョナル・バンク）が「突然死」した。

　信用不安は欧州にも飛び火した。具体的にはクレディ・スイス銀行が3月16日に緊急でＵＢＳ《ユービーエス》（スイス銀行）に買収された。その際、自己資本の一部であるＡＴ１《エイティワン》債（Additional Tier １債）は合併による保護対象とされず、スイスの金融当局の決断で無価値（valueless《ヴァリューレス》）とされ、全額、吹っ飛んだ。これが世界の金融市場に動揺をもたらした。２０２１年まで続いた超《ちょう》低金利のために、年金運用を始めとする機《き》関《かん》投資家（インスティテューショナル・インヴェスターズ）は、高利回りを求めて大量のＡＴ１債を購入している。

　今回の買収でＡＴ１債が無価値（元本ゼロ、リターン▲１００％）となったことで、機関投資家は、クレディ・スイスだけでなく、他の銀行のＡＴ１債も売る動きが始まった。地方銀行たちからすれば、「預金引き出し」、「株価の下落」に加えて、「自己資本」そのものが売りの対象になっている。信用の根本が毀《き》損《そん》するということだ。ある銀行の信用が低下すれば、そこと取引している他の銀行は、その銀行との取引から手を引く。

　信用低下がもたらす銀行間取引の縮小は、弱い銀行を直撃する。この信用収縮（クレジット・クランチ）が弱い銀行へと波及していく。信用不安の広がりでこれからの銀行の連鎖倒

ついに取り付け騒ぎ《バンクラン》が
アメリカで始まった

銀行たちのリバランスを知った預金者たちは、「この銀行は保有債券を投げ売りしている。危ない銀行だ」と判断して、一斉に預金を引き出す動きに出た。その結果、一瞬のうちにシリコンバレー銀行など複数の中堅の地銀（リージョナル・バンク）が「突然死」した。写真は2023年3月10日。

産は不可避だと私は思う。

それに較《くら》べて、昨年からのウクライナ戦争以降、ロシアの現物経済システムは、アメリカの金融経済システムを凌駕《りょうが》しつつある。アメリカはロシアの弱体化を狙っていた。しかしロシア国は壊れなかった。ロシアが壊れずに、逆に天然ガスと原油の供給が滞り始めた西側諸国の方が、エネルギー価格の急騰に見舞われインフレが進行している。

そのため先進国の中央銀行は、（日本を除いて）昨年から利上げに次ぐ利上げを行いインフレ抑制に躍起になっている。２０２３年3月に入り銀行の倒産が相次ぐ中でも、欧州中央銀行ＥＣＢと米ＦＲＢは、利上げを実施した。ＥＣＢは5月4日に0・25％利上げ、ＦＲＢは5月3日に0・25％利上げした。

これらの中央銀行はヨーロッパやアメリカの景気が良くて、景気が過熱するのでそれを抑制するために利上げを実施しているのではない。エネルギー価格上昇が物価高につながっている。だからそれを止めるために仕方なく利上げをせざるを得ないのだ。「エネルギー不足によるインフレ」だ。不足している分のエネルギーの供給が回復しなければインフレは収まらない。「いくら利上げをしても、インフレ抑制とは本質的に無関係」ということだ。ただし、今、利上げをしておけば、景気が一段と悪化した時に、利下げをする余地が生まれる。私は、欧米の中央銀行の相次ぐ利上げは、金融政策の余地（余裕）をつくりだすための利上げであり、金融政策だけでインフレ抑制が出来るとは彼らも思っていない、と判断している。

ヨーロッパ（ＥＵ）はインフレを抑制したければ、ロシアからエネルギー供給を受けていた元の仕組みに戻さなければいけない。しかしそれはできない。アメリカが睨《にら》みつけている。アメリカとイギリスの２国は、ウクライナを利用してロシアを消耗させようとして、ウクライナに戦争を続けさせている。それに嫌々ながらＥＵが引きずられ、日本も引きずり込まれている。

その間に、中国、インドの新興大国が、ロシアからエネルギー供給を受ける仕組みを着々と準備し実行している。サウジやイランやブラジルもロシアや中国と同調している（ＢＲＩＣＳ《ブリックス》諸国）。仮にウクライナ戦争が終結しても、エネルギーの供給契約は、10年、20年の長期契約が普通だ。だから中国やインドなどに振り向けられた資源は、今後10年、20年にわたりそちらに行く。どうにもならない。

ＥＣＢとＦＲＢの欧米の中央銀行は、信用リスク（銀行の連鎖倒産）を抑制しようとする。しかし、同時並行でインフレ抑制に躍起になっているので難しい。致命傷は、上記の日銀の例の通り、中央銀行が大量の国債を買い込んでいることだ。

もう15年前のサブプライム・ローン問題（２００７年）に端を発したリーマン・ショック（２００８年）の時に、ＦＲＢを始めとする各国中央銀行は、自らが不良の国債を肩代わりし民間銀行から購入することで、あの時の世界恐慌（ワールド・デプレッション）への突入を阻止した。信用リスクの爆発による金利暴騰《ぼうとう》を何とか抑制した。サブプライム・ローンの破綻により金利が20パーセントとかに急上昇し、それが国債金利上昇に波及して既発債《きはっさい》（中古）の国債価格が下落し、信用収縮によって経営基盤の弱い銀行が軒並み連鎖倒産し、債券バブルが崩壊する。このことを恐れた中央銀行は、自らボロボロになった米国債を買うことで、価格の下落に何とか歯止めをかけた。

その後はこの15年間、何かあるたびに、中央銀行が米国債買いを行って、金利を操作することで、低金利と過剰《かじょう》流動性（金《かね》余り）を生み出し、それが債券市場や株式市場に流入するので、金融市場が活況を続けてきた。実体のない、まさに「水膨れした金融システム」だ。中央銀行による国債買いは、「財政ファイナンス」と呼ばれる禁じ手である。日本では財政法で明確に禁止されている行為だ。

だが現実は、なし崩し的に「財政ファイナンス」（政府による政府自身の救済）が実施された。

米国の銀行保有債券の含み損が急拡大

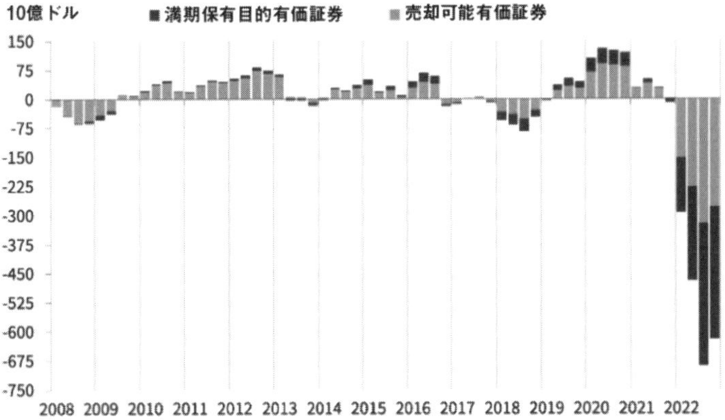

出所：米 FDIC（連邦預金保険公社）

それがウクライナ戦争の仕掛け、とロシア制裁が失敗したことにより、急転直下、西側諸国の経済は、「エネルギー（石油、ガス）不足によるインフレ」に陥った。その結果、中央銀行は利上げモードへ転換するしかなかった。それが国債金利上昇（国債価格下落）、株式市場の下落をもたらした。国債金利上昇（国債価格の下落）は、民間銀行の含み損（資金繰《ぐ》りの悪化）をもたらした。それがシリコンバレー銀行を始めとする中小銀行の破綻へとつながった。

中堅銀行の破綻は、銀行の信用リスクへの懸念を呼んで、ヨーロッパに飛び火してクレディ・スイスの破綻（買収）へとつながった。クレディ・スイスの買収で、劣後債（ハイリスク・ハイリターン債）であるＡＴ１債は保護されず、吹っ飛んで投資家たちは大損した。低金利がイヤだからハイリスクを覚悟して大量のＡＴ１債を買い込んだ投資家たち（機関投資家）のＡＴ１債売りを、現在誘発している。金融機関は日本でも疑心暗鬼に陥っており、銀行は弱いところから連鎖倒産してゆく。

大恐慌突入を避けるために経済システムの根幹に据えたはずの「低金利下の過剰流動性（水膨れした金融システム）」で何とかやってゆく、大方針だったが、ウクライナ戦争という「戦争で経済を刺激する」仕掛け（戦争経済。War economy ウォー・エコノミー）は大失敗した。外敵にやられたのではなく、自ら内側から自壊したのである。

一度壊れた信用は戻らない。市場が自ら動きを止めるまで、市場自身の手でどんどん壊されてゆく。中央銀行が自国国債（国家自身の借金証書である）をこれだけ呑み込んで、しかもインフレを食い止めるために金利上げで抑え込むことが出来ないのだから、国債金利は、早晩、制御不能に陥ると私は予測する。

中央銀行による国債金利のコントロールが制御不能に陥れば、金融機関の破綻、中央銀行の破綻、国債のデフォルト、すなわち国家財政の崩壊をもたらす。金融システム全体の破綻をもたらすだろう。いつになるかは分からないが早いと思う。

◆本書の構成

本書は、以上のような歴史的な大転換期に目下、直面している私たちが、何とかして資産を防衛し生き残るために書かれた。

第1章の「インフラ・経済正常化関連30銘柄」は、インフラ老朽化と政府の財政出動（景気対策）ができない情況が同時進行している、現状の我が国において、少ない予算で、効率よくメンテナンスや更新を行っている企業30社を紹介する。金融バクチ経済がもうすぐ終わり経済の正常化が進展するだろうから、その恩恵をいち早く享受する日本を代表する大手企業も紹介する。

第２章の、「暴落したら買いたい76銘柄」は、世界大恐慌後も必ず生き残る企業銘柄を厳選した。いずれも日本経済を土台から支えている、なくてはならない必須の企業ばかりだ。短期的には下落するかもしれないが、実体《じったい》経済が回復すれば、ここで紹介する企業群が、牽《けん》引《いん》役となって日本経済を立て直すはずだ。

第３章の「軍需関連19銘柄」は、日本の軍拡が追い風となる企業を紹介する。岸田政権で成立した２０２３年度の軍事予算は、戦後最大となった。日本は平和な中立国であるべきだが、防衛予算が年間６・８兆円とかに上乗せされたことは事実だ。冷酷な見方をすればここで紹介する防衛関連企業にとってビジネスチャンスだ。

第４章の「産業廃棄物、都市鉱山、鉱物資源37銘柄」は、日本を代表する産業廃棄物《はいきぶつ》処理業者と都市鉱山、鉱物資源の会社を紹介する。経済がピークアウトして少子高齢化が進んでいる日本でもゴミはなくならない。足元では国内の金《きん》小売価格が史上最高値を更新している。これらの資源企業は、これからの動乱の時代にこそ必要とされる。

第５章の「時価総額は小さいが、成長が見込まれる38銘柄」は、プレミア（旧一部《いちぶ》上場）

ではないスタンダード市場の銘柄が多い。これらの銘柄は、出来高も少なくわずかな資金の流入、流出で大きく価格が変動する。一旦、資金が流出した小型株は、放置される。株式市場が活性化したら、これらの元々《もともと》元気な小型株が資金循環によって「しゃっくり」をするように急騰することがある。

動乱の世界になっても相場は続く。事実、世界大恐慌の時代にも、株式市場は開設され続けた。動乱の時代にこそ輝く銘柄（軍需関連）や、動乱後《ご》の時代にもどうしても社会に必要とされる銘柄（インフラ関連）、時代が変化する時に選ばれる銘柄（経済正常化関連）、時代の趨勢とは無関係に必要とされる銘柄（産業廃棄物、都市鉱山、金鉱株関連）、そして市場の人為的な歪《ゆが》みによって「しゃっくり」をするように急騰する銘柄（時価総額の小さい銘柄）を私が厳選した。私たちが動乱の時代を生き残るために、これらの銘柄をチャートを付けて自信をもって紹介する。

第1章

インフラ・経済正常化関連 30 銘柄

日本の上下水道を始めとする各種インフラは、日本の１９６０年代の高度経済成長期に急速に整備された。それから半世紀を経た現在、老朽化問題が年々深刻化している。しかも人口は減少しており、税収だけでなく水道代や高速道路などの使用料金も頭打ちだ。現在の我が国はインフラ老朽化と、財政制約の深刻化が同時進行する。少ない予算でいかに効率よく社会インフラのメンテナンスと更新を行うかが、喫緊《きっきん》の課題だ。

中国でゼロコロナ政策の解除があり、日本国内のコロナの感染症法上の位置づけが５類へと引き下げられたことから、経済の正常化が進んでいる。特に中国のゼロコロナ解除のインパクトは大きい。生産活動だけでなく、エネルギーや物流など世界中のあらゆる分野に波及していく。

経済発展とインフラ需要は、コインの表裏《ひょうり》の関係である。特に新興国では両者は同時並行で拡大してゆく。それに対して日本のような成熟国（経済成長のあとの衰退国）では、新興国のような「新設需要」は存在しない。それでも既存のインフラと設備、工場の「更新需要」はコンスタントに出てくる。経済の正常化が進む中、これまで絞り込んでいた設備投資が底打ちする。コロナで中断されていた各種インフラ更新工事の再開が見込まれる。

一方で、日本の交易条件は悪化している。政府の財政赤字の激増とエネルギー価格の急騰、そして為替の円安などの要因が重なり、原材料費と輸送費の高騰が日本企業を直撃している。ここから起きる原価率上昇に対して大手企業は価格改定を進めている。下請け企業との価格交渉でも、大手企業の立場が強いことは厳然たる事実だ。そのため経済正常化が進む過程で大手企業の採算性改善が先に進むことが予想される。

そこで、この第1章では、インフラの老朽化がビジネス・チャンスとなる企業。あるいは経済正常化で恩恵を受ける特殊な技術とノウハウを持つ企業を中心に30銘柄を厳選して紹介する。大手企業の方がいち早く経済正常化の恩恵を享受することから、日本を代表する大手企業も含まれる。

インフラ・経済正常化関連30銘柄（2023年4月24日）

株式コード	銘柄名	株価（円）	時価総額（百万円）	取引所	PER（倍）	PBR（倍）	配当利回り
1803	清水建設	766	604,002	プライム	11.01x	0.68x	2.74%
1888	若築建設	3,995	51,795	プライム	10.40x	1.29x	2.50%
1925	大和ハウス工業	3,241	2,159,449	プライム	6.92x	0.98x	4.01%
3101	東洋紡	1,018	90,652	プライム	13.93x	0.45x	3.93%
3110	日東紡績	1,870	70,542	プライム	9.08x	0.62x	2.94%
3401	帝人	1,488	294,555	プライム	n/a	0.67x	2.69%
3407	旭化成	944	1,316,011	プライム	n/a	0.73x	3.81%
4004	レゾナック・ホールディングス	2,155	398,462	プライム	n/a	0.71x	n/a
4005	住友化学	456	755,072	プライム	n/a	0.57x	3.95%
4118	カネカ	3,530	240,040	プライム	9.68x	0.57x	3.12%
4188	三菱ケミカルグループ	795	1,197,650	プライム	9.58x	0.76x	3.77%
5301	東海カーボン	1,212	272,631	プライム	9.94x	0.96x	2.97%
5310	東洋炭素	4,125	86,594	プライム	15.73x	1.12x	1.94%
5423	東京製鐵	1,360	210,887	プライム	7.17x	0.84x	2.94%
5463	丸一鋼管	3,025	254,100	プライム	11.00x	0.77x	3.60%
6255	エヌ・ピー・シー	615	13,562	グロース	24.79x	1.83x	0.33%
6326	クボタ	2,010	2,393,328	プライム	12.85x	1.27x	n/a
6332	月島ホールディングス	1,085	49,504	プライム	12.60x	0.60x	3.69%
6361	荏原製作所	6,030	555,526	プライム	10.61x	1.54x	3.23%
6370	栗田工業	6,030	700,690	プライム	24.56x	2.32x	1.29%
6387	サムコ	5,280	42,466	プライム	39.27x	4.05x	0.66%
6645	オムロン	7,664	1,580,661	プライム	23.67x	2.13x	1.28%
6753	シャープ	959	623,740	プライム	n/a	1.35x	n/a
6971	京セラ	6,983	2,636,911	プライム	20.21x	0.84x	2.86%
6988	日東電工	8,470	1,268,454	プライム	12.54x	1.40x	2.83%
7211	三菱自動車工業	505	752,593	プライム	5.37x	0.98x	n/a
9503	関西電力	1,347	1,264,473	プライム	n/a	0.73x	n/a
9513	電源開発	2,185	399,967	プライム	3.48x	0.36x	3.66%
9514	エフオン	648	14,020	プライム	9.28x	0.77x	1.23%
9532	大阪瓦斯	2,196	915,029	プライム	16.02x	0.67x	2.73%

1803　清水建設

スーパーゼネコンの一角。首都圏の民間建築に強く、また、原発を始めとするエネルギー施設の施工に実績がある。コロナ騒動の一巡により首都圏の再開発が活発化している。原発再稼働も追い風。長期的には核廃棄物の貯蔵施設案件にも期待。働き方改革により人繰りが困難となる中、工期適正化に注力している。

1888　若築建設

海洋土木の中堅。関西国際空港や中部国際空港などの海上空港、東京湾横断ライン（アクアライン）など大型プロジェクトに参画した実績がある。インドネシアの大型港湾工事を受注するなど海外展開にも積極的。高水準の繰越工事を背景に、資材高を増収効果でカバーして採算性改善が進む見通し。

1925 大和ハウス工業

大手ハウスメーカー。国内だけでなく米国や中国などへ積極的に進出している。４月にはリゾートホテル事業を売却するなど採算性の高い事業に経営資源を集約している。国内の賃貸住宅が堅調であることに加え、米国、中国も好調であることから過去最高益が視野に。

3101 東洋紡

液晶向けフィルムと機能樹脂が柱の繊維大手メーカー。原材料高が利益圧迫要因となっていることに加え液晶テレビの需要低迷によりフィルムも苦戦している。足元では経済正常化によりフィルムの底打ち感が出てきており、価格改定も徐々に浸透中。

3110　日東紡績

グラスファイバー首位。グラスウール製品はリサイクルガラスを利用しており、断熱・吸収材として使われる。原材料高により利益が圧迫されているが、価格改定効果の浸透により採算性改善が進んでおり、経済正常化により高機能ガラスの需要も底打ち感が出ている。

3401　帝人

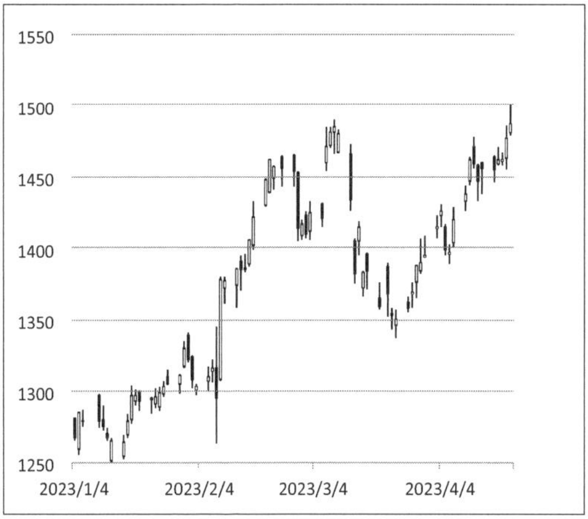

独立系の合織大手メーカー。炭素繊維は世界トップレベル。合成繊維以外にも化成品、医薬品も手掛ける。2023年３月期は生産トラブルに見舞われ大幅減益を余儀なくされたが、低採算事業からの撤退等を含めリストラが進み、利益の急回復が見込まれる。

3407　旭化成

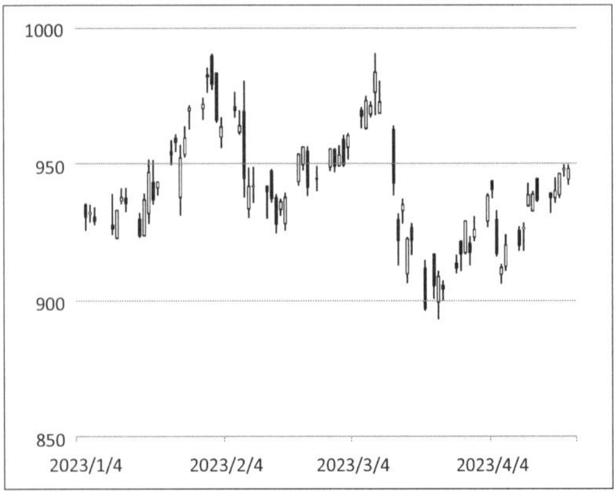

総合化学メーカー。化成品以外にも、住宅、医療機器、建材など事業領域は幅広い。原材料高と部材調達難に見舞われる中、ヘーベルハウスを主軸とする住宅部門は堅調。経済正常化とともに調達難も解消に向かう見通しであり、自動車用も底打ち感が出ている。

4004　レゾナック・ホールディングス

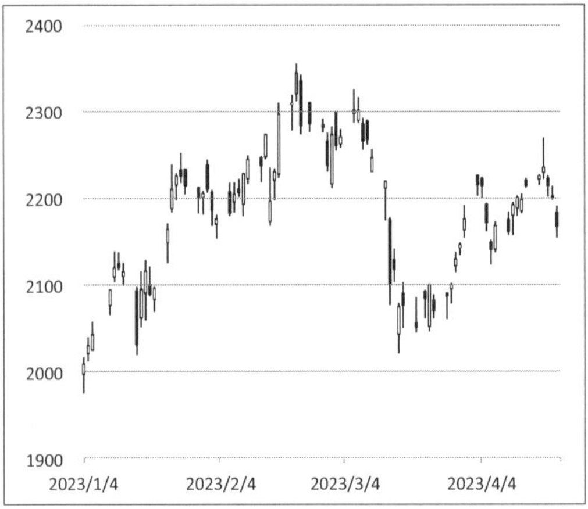

旧昭和電工。石油化学品からエレクトロニクス、先端電池まで手掛ける総合化学メーカー。電炉用黒鉛電極は国内のみならず米国や中国で積極的な買収を実施したことが奏功して生産能力で世界１位。半導体材料や自動車部材にも進出。低収益事業のテコ入れにより採算性改善に注力中。

4005　住友化学

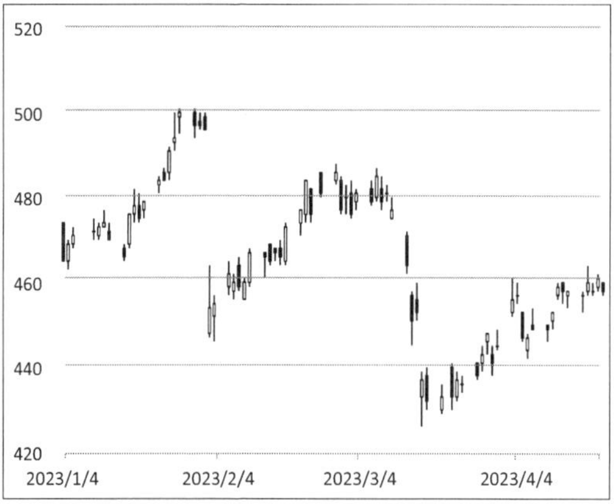

石油化学製品をベースに、エネルギー・機能材や情報電子化学、農業、医薬品など幅広い分野に展開。シンガポールやサウジなど世界各地に拠点を持ち製造・販売を手掛けている。石油化学品市況の悪化に加え医薬品の特許切れもあり厳しい事業環境が続いているが、農業関連は底堅く推移している。経済正常化の進展により業績底打ちが期待される。

4118　カネカ

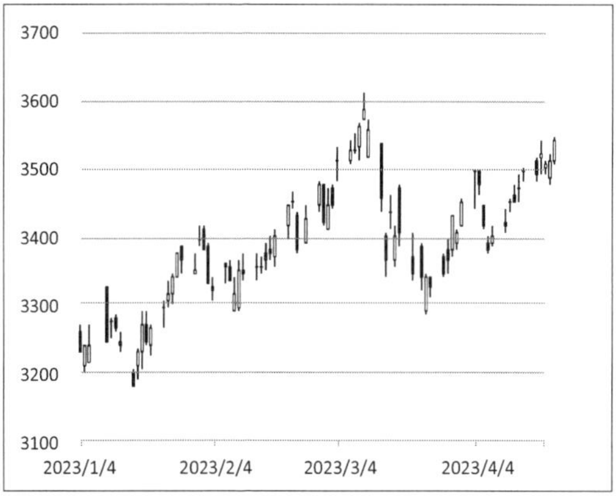

ファインケミカル企業。塩ビ樹脂、苛性ソーダ、機能性樹脂などの材料事業以外にも、食品・医薬化成品、エレクトロニクス材料などを手掛ける。米国、欧州、アジアに拠点を持つ。塩ビ製品の市況下落から苦戦していたが、血液浄化器やバイオ医薬品などヘルスケアは堅調。車載用太陽電池も本格出荷へ。

4188　三菱ケミカルグループ

光学フィルム、情報・エレクトロニクス材料などの製品を製造。リチウムイオン電池の電解液の製造技術をインドのネオジェン・ケミカルにライセンス供与。インドのEV車の本格普及に向けて動いている。参画する研究体が開発した下水処理技術が国土交通省の革新的技術実証事業に採択されるなど、高い技術を誇る。

5301　東海カーボン

タイヤの補強材として使われるカーボンブラックや半導体用シリコンの製造過程で使われるファインカーボンなどを製造する炭素材料メーカー。子会社でセラミックの熱処理で使われる工業炉・関連製品も手掛けている。米国工場の設備トラブルなどで苦戦しているが、その影響も一巡。業績回復フェーズに。

5310　東洋炭素

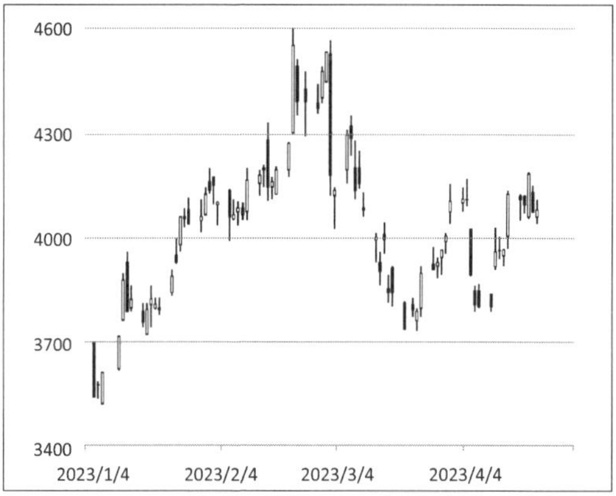

　工業用炭素、黒鉛製品を製造している。日本で初めて等方性黒鉛の開発に成功したパイオニア。用途は自動車や半導体、医療機器など多岐にわたる。原燃料価格の上昇を特殊黒鉛製品の増加や価格改定効果でカバーしており売上、利益とも好調。半導体市場の減速懸念があるものの受注、受注残ともに増加している。

5423　東京製鐵

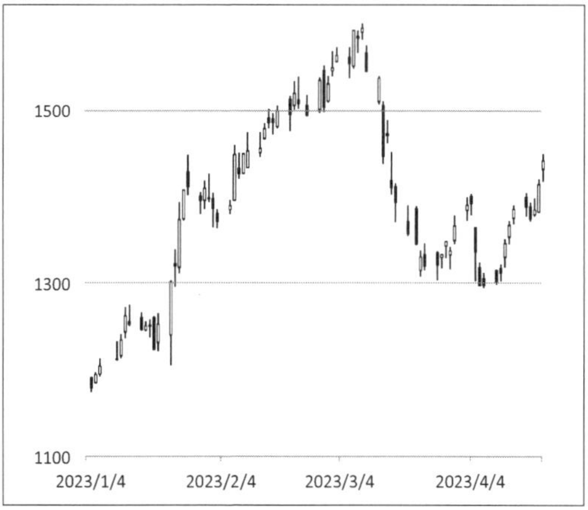

　独立系電炉メーカー。H形鋼、I形鋼など幅広い鉄鋼製品を製造しており、同業他社とは品揃えの多さで一線を画している。低品位のスクラップから高品位鋼を製造でき、品質の高さに定評がある。電力料金の高騰により利益が圧迫されているが鋼材需要は堅調。コスト増を増収効果でカバーすることが見込まれる。

5463 丸一鋼管

鋼管メーカー。産業用だけでなく家庭用や建設用など品揃えが豊富。半導体製造装置用のBA精密細管は世界シェア1位。他にも電線用、配管用など鋼管の用途は広い。2022年は在庫評価損を計上するなど苦戦したが、経済正常化によりベトナムを始めとする海外事業の収益安定化が進んでいる。

6255 エヌ・ピー・シー

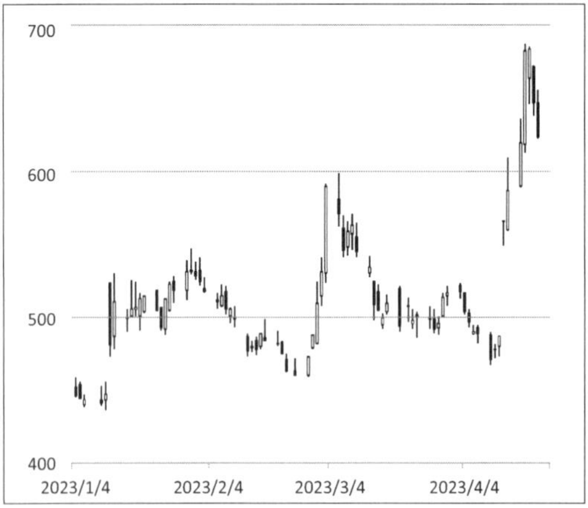

太陽電池製造装置メーカー。太陽電池モジュール製造に必要な全ての製造装置を提供できる体制を構築。50カ国以上で納入実績あり。環境事業で手掛けている太陽光パネルの自動解体装置が国内外で評価されている。民間の宇宙開発が活発化していることから米国や日本で衛星用太陽電池の受注、売上計上が進んでいる。

6326　クボタ

ポイント

・農機及び鋳鉄管で国内トップ。
・鋳鉄管は需要がコンスタントに出る。
・新興国への農機販売が進む。

農機で国内首位。水道管として使われる鋳鉄管でも国内トップ企業。国内の水道管の更新は財政の制約が厳しいなかでもコンスタントに仕事が出ており、堅調。タイムラグは伴うものの価格改定も着実に進んでいる。海外は米国が好調。インドでトラクターメーカーを買収するなど新興国への展開が一段と進んでいる。

6332 月島ホールディングス

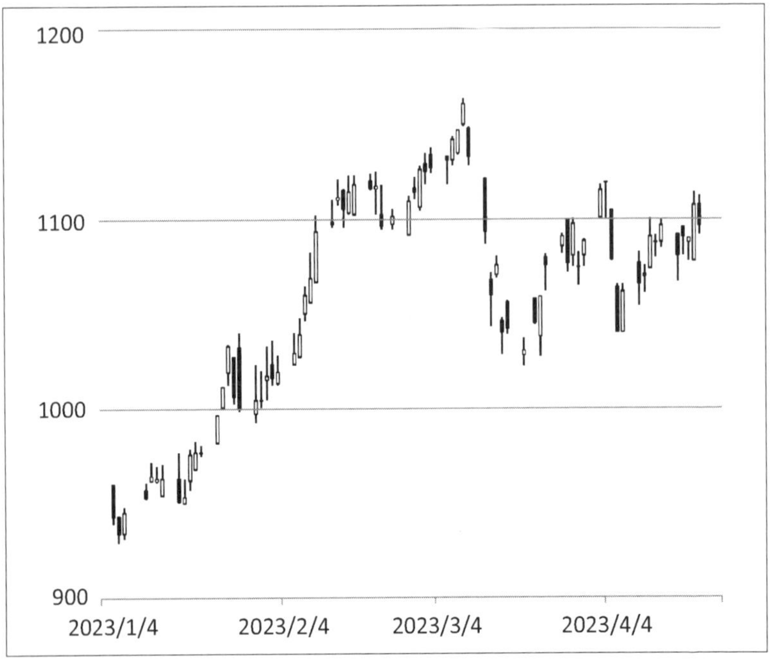

ポイント

・上下水道の汚泥処理メーカーであり、東京都の大型案件で実績豊富。
・水環境事業を JFE エンジニアリングの上下水道事業と統合予定。

1905 年創業の老舗機械メーカー。上下水道の汚泥処理に強みを持つ。東京都の大規模汚泥処理案件で多数の実績があり、機器販売だけでなく処理施設の維持・管理や副産物の引き取りなども手掛ける。2023 年 4 月に持ち株会社に移行、10 月には水環境事業が JFE エンジニアリングの上下水道事業と統合予定。

6361　荏原製作所

ポイント

・ポンプやボイラなどを手掛けており廃棄物処理プラントの実績多数。
・半導体ウエハーの表面を研磨するCMP装置も製造。
・北米での展開が加速。

ポンプメーカー大手。ポンプだけでなくタービンやボイラも手掛けており、産業廃棄物焼却プラントの実績が豊富。半導体ウエハーの表面を研磨するCMP装置が堅調。米国ポンプメーカーを買収して同国での展開が加速している。2022年度は部材高を価格転嫁で吸収し、受注高、売上高、営業利益で過去最高を更新した。

6370 栗田工業

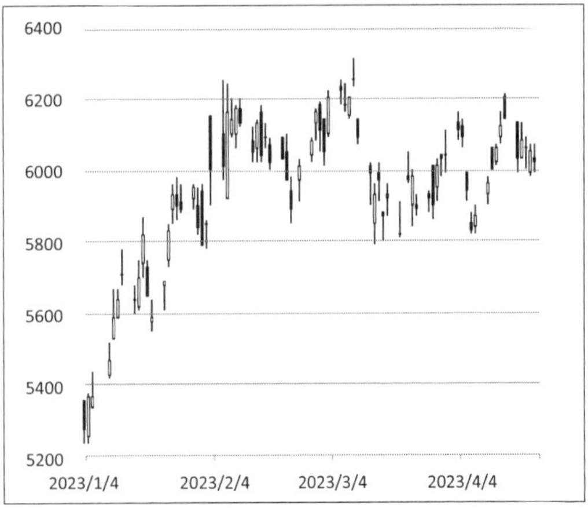

水処理装置大手。超純水の製造・排水処理装置に強く、水処理薬品の製造・販売も手掛ける。コロナ騒動の影響で国内の一般産業向けの営業活動が制限されていたが、今後は回復が期待できる。半導体の生産調整により精密洗浄は伸び悩んでいる一方、薬品事業や電子産業向け装置事業は堅調。

6387 サムコ

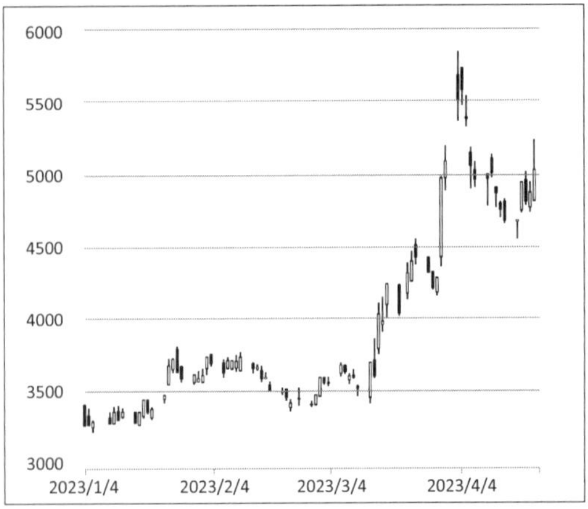

化合物半導体製造装置の製造・販売会社。保守メンテナンスも行うことで顧客からの信頼を得ている。半導体の製造プロセスで絶縁膜を形成するためのプラズマ CVD 装置が好調。米テスラ社が次世代 EV で用いる可能性がある「酸化ガリウム」向けの CVD 装置も製造・納入実績がある。

6645 オムロン

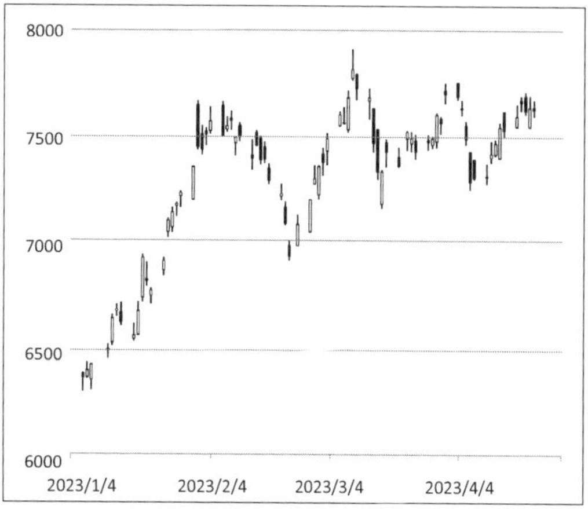

工場の自動化（FA）で使用される制御機器を始めとする各種機器を製造・販売する電気機器メーカー。電子部品、車載部品、公共・交通・セキュリティ事業も手掛ける。世界シェア1位の家庭用電子血圧計を有するヘルスケア事業が好調であり、遠隔医療サービスに注力中。制御機器事業の受注残が積み上がっており、堅調な業績が期待できる。

6753 シャープ

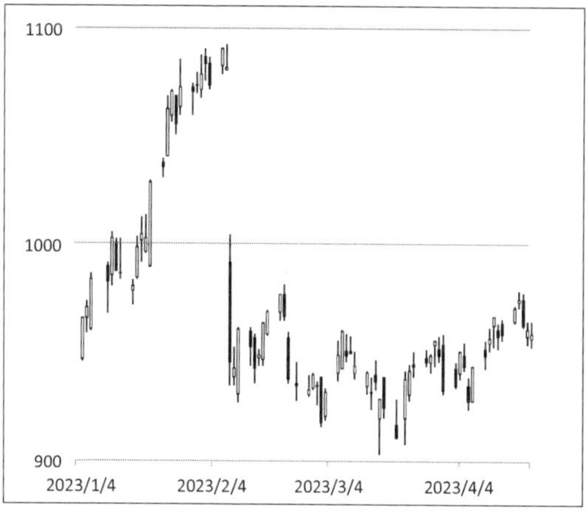

液晶テレビや携帯電話などの映像、通信機器や、太陽電池、ICなどの電子部品を手掛けている。パネル市況の悪化で液晶パネル製造部門が大幅に悪化しており2023年3月期は7年ぶりに赤字に転落。エアコン新工場がインドネシアで稼働するなどASEAN市場の開拓に注力して巻き返しを図る。

6971 京セラ

電子部品大手。情報通信以外にも自動車や環境・エネルギー、医療・ヘルスケアなど多角化を推進。太陽光発電による家庭向けリチウムイオン電池システムも手掛けている。長崎県諫早市に新工場を設置予定であり、ファインセラミック部品など半導体関連製品を増産する計画。

6988 日東電工

テープや粘着シートをベースとする材料メーカー。自動車・エレクトロニクス向けが主体。ニッチな分野で高いシェアを誇る製品を多数有する。環境部門では海水の淡水化、排水の再処理に使われる逆浸透膜を始めとする様々な分離膜を生産している。2023 年 3 月期は過去最高益を更新。

7211　三菱自動車工業

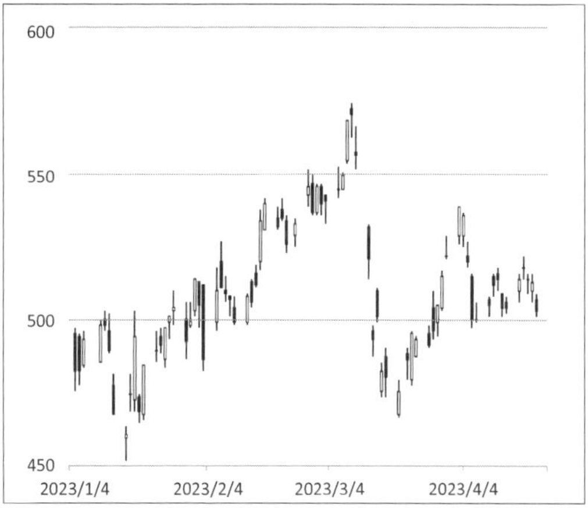

筆頭株主は日産自動車。2006年に電気自動車（アイ・ミーブ）の量産化に世界で初めて成功するなど高い技術力を持つ。世界展開しており、特に経済成長が続くASEANでのプレゼンスが高い。2023年3月期は原価上昇を数量増と価格転嫁でカバーして過去最高益を計上。商用EV車をインドネシアで生産開始予定。

9503　関西電力

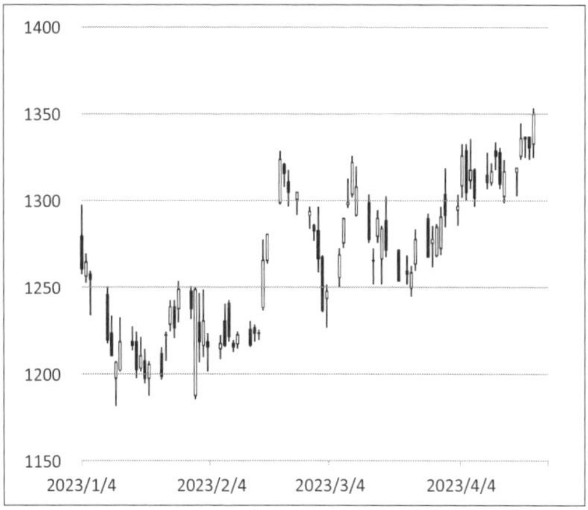

東京電力に次ぐ業界2位。原発依存度が高いことが特徴。東日本大震災以降、原発は忌避されてきたが、ウクライナ戦争でエネルギー価格が高騰したことにより、再稼働が現実のものに。エネルギー価格高騰で2023年3月期は大幅な赤字に陥ったものの、電力料金値上げや原発稼働率向上により利益の急回復が見込まれる。

9513　電源開発

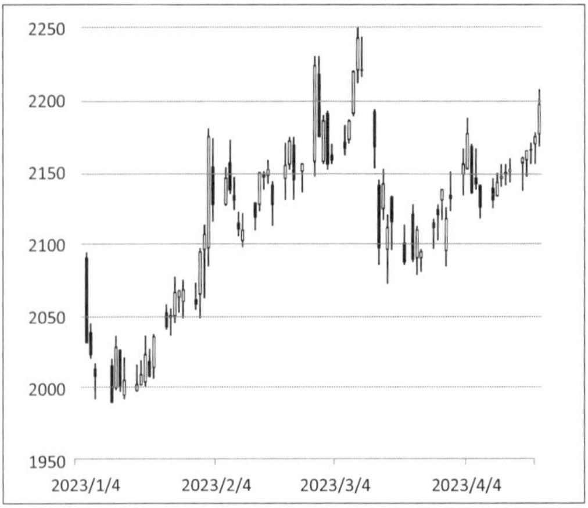

電力卸業の最大手。国内に水力、火力合わせて60カ所以上の発電所を有する。石炭火力と水力発電に関しては国内トップクラスであり電力各社に供給している。電力会社間の広域連携が進む中、子会社が送変電事業を全国で展開。オーストラリアで炭鉱の権益を保有するなど海外展開も進めている。

9514　エフオン

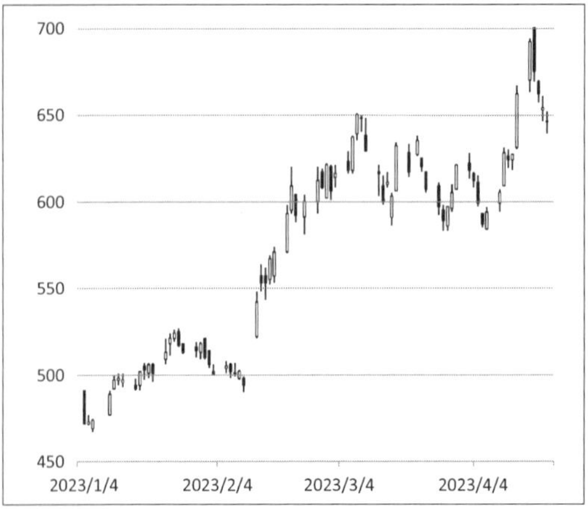

バイオマス発電を柱とする新エネルギーの会社。大分、栃木、福島、和歌山で木製バイオマスによる発電と電力卸事業を展開。省エネルギー支援サービスも手掛ける。ウッドショックの影響が一巡したことに加え各発電所の稼働が順調。山林を積極的に取得しており、CO2 排出量取引への参入を目指している。

9532　大阪瓦斯

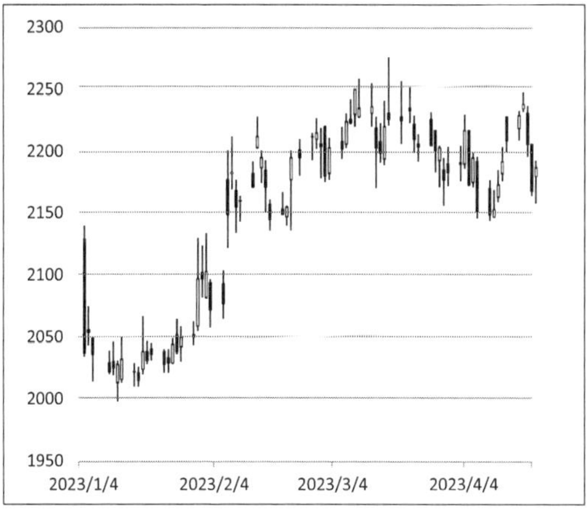

京阪神を地盤として東京ガスに次ぐ都市ガス2位。燃料電池用触媒の技術に定評がある。電気を使用する場所で発電するガスコージェネレーションが注目される。調達先の米国LNG基地の操業停止により2023年3月期は大幅減益となったが、足元では出荷が正常化しており、利益の急回復が見込まれる。

第2章

暴落したら買いたい 76銘柄

西側諸国《ザ・ウェスト》の中央銀行がコロナ期に超《ちょう》金融緩和を行ったことで、不況下の株高が現出した。
ウクライナ戦争にアメリカが勝ち切れなかった。これはアメリカにとって大きな誤算である。ウクライナでの勝利を当て込んで米ＦＲＢ、欧州ＥＣＢは、２０２２年3月から一気にインフレモードへ転換した。２０２３年6月現在、米ＦＲＢは9回連続で、また欧州ＥＣＢは7回連続で利上げを実施している。

米シリコンバレー銀行が破綻した3月10日。破綻後にもかかわらず、ＦＲＢは3月22日に0・25%の利上げを断行した。同じくクレディ・スイス銀行が破綻したので、3月19日にＵＢＳ銀行に吸収された。破綻の噂が盛んに報じられる中で、ＥＣＢは3月16日に0・5%の利上げを実施した。アメリカと欧州は、「金融危機でも利上げを継続せざるを得なかった」事実が、注目に値する。

原因は、ロシア制裁のために、西側諸国が自らエネルギー供給を絞り込んだことだ。ロシアは非《ひ》西側のＢＲＩＣＳ《ブリックス》の一員でありながら、「ＯＰＥＣプラス」の一員でもある。非《ひ》西側の資源・エネルギー国の多くはロシアを支持しており、アメリカのドル決済から自国通貨での決済へと大きく舵を切っている。そのため特に欧州は「不足するインフレ」に陥って、国民生活が困窮している。このことは日本では報道されない。ＦＲＢとＥＣＢは、金融危機なのに利上げを実施してドルとユーロの通貨価値（信用）を守ろうとし、交易条件を少しでも有利にしようとしている。

しかしながら、中央銀行の急速な利上げで、それまで低金利の融資をしていた民間銀行の運用利回りが逆ザヤに陥っている。逆ザヤとは、融資で得られる金利（収入）よりも、預金者に支払う利子（支出）の方が多くなることだ。銀行の資金運用が失敗した、ということだ。

米欧が景気が悪化しているにもかかわらず、利上げを続けざるを得ないことは、銀行の逆ザヤが一段と広がることを意味する。銀行の逆ザヤが広がれば、資金の運用に失敗する銀行がさらに増え、破綻が連鎖する可能性が高まる。金融市場の暴落は今後も断続的に続くだろう。

こうした世界情勢の中、この第2章では、株が暴落したら買いたい76銘柄を紹介する。いずれも日本経済を支えている重要な企業ばかりだ。短期的には下落しても、実体経済が回復すれば、これらの企業の業績は必ず回復していく。

暴落したら買いたい76銘柄（2023年4月24日）

株式コード	銘柄名	株価（円）	時価総額（百万円）	取引所	PER（倍）	PBR（倍）	配当利回り
1518	三井松島ホールディングス	3,180	41,545	プライム	1.97x	0.80x	10.06%
1717	明豊ファシリティワークス	777	9,927	スタンダード	14.06x	2.00x	4.05%
1812	鹿島建設	1,690	893,429	プライム	7.89x	0.80x	3.67%
1961	三機工業	1,484	86,311	プライム	17.14x	0.92x	4.72%
1972	三晃金属工業	4,050	16,038	スタンダード	n/a	0.70x	3.83%
1982	日比谷総合設備	2,221	55,539	プライム	14.89x	0.83x	3.78%
2002	日清製粉グループ本社	1,621	493,364	プライム	n/a	1.16x	2.41%
2181	パーソルホールディングス	2,731	646,441	プライム	20.63x	3.13x	1.54%
2485	ティア	443	9,967	スタンダード	13.98x	1.32x	4.51%
2674	ハードオフコーポレーション	1,391	19,410	プライム	13.79x	1.30x	3.59%
2875	東洋水産	5,770	639,784	プライム	19.01x	1.54x	1.56%
3023	ラサ商事	1,425	17,077	スタンダード	7.80x	0.83x	4.77%
3048	ビックカメラ	1,140	214,487	プライム	25.02x	1.44x	1.32%
3099	三越伊勢丹ホールディングス	1,518	602,541	プライム	22.72x	1.08x	0.79%
3276	JPMC	1,104	21,004	プライム	11.13x	2.56x	4.62%
3402	東レ	753	1,229,158	プライム	16.75x	0.80x	2.39%
3423	エスイー	312	9,752	スタンダード	10.16x	0.95x	4.17%
3553	共和レザー	530	12,985	スタンダード	42.57x	0.38x	3.77%
3816	大和コンピューター	916	3,618	スタンダード	10.62x	0.79x	1.86%
4031	片倉コープアグリ	1,692	17,194	スタンダード	9.48x	0.62x	5.26%

株式コード	銘柄名	株価（円）	時価総額（百万円）	取引所	PER（倍）	PBR（倍）	配当利回り
4063	信越化学工業	4,033	8,163,288	プライム	11.60x	2.07x	2.48%
4452	花王	5,418	2,524,246	プライム	28.62x	2.59x	2.77%
4502	武田薬品工業	4,516	7,145,649	プライム	22.83x	1.14x	3.99%
4661	オリエンタルランド	4,792	8,714,016	プライム	115.21x	9.71x	0.15%
4755	楽天グループ	673	1,071,684	プライム	n/a	2.16x	n/a
5108	ブリヂストン	5,351	3,818,999	プライム	10.93x	1.23x	3.74%
5233	太平洋セメント	2,439	297,522	プライム	n/a	0.53x	2.87%
5351	品川リフラクトリーズ	4,565	43,045	プライム	6.10x	0.65x	4.38%
5391	エーアンドエーマテリアル	919	7,148	スタンダード	7.03x	0.44x	4.90%
5464	モリ工業	3,545	27,532	スタンダード	5.51x	0.56x	5.08%
5471	大同特殊鋼	5,280	229,410	プライム	6.62x	0.64x	3.79%
5612	日本鋳鉄管	1,034	3,405	スタンダード	15.10x	0.40x	1.93%
5802	住友電気工業	1,690	1,341,760	プライム	13.18x	0.72x	2.96%
5930	文化シヤッター	1,115	80,499	プライム	8.75x	0.87x	3.77%
6289	技研製作所	2,132	60,111	プライム	29.32x	1.42x	1.88%
6302	住友重機械工業	3,240	398,214	プライム	10.44x	0.70x	3.70%
6306	日工	632	25,280	プライム	20.13x	0.78x	4.75%
6333	帝国電機製作所	2,376	45,120	プライム	12.38x	1.39x	4.88%
6369	トーヨーカネツ	2,653	24,734	プライム	10.14x	0.58x	5.09%
6393	油研工業	2,043	9,215	スタンダード	5.74x	0.38x	4.89%

株式コード	銘柄名	株価(円)	時価総額(億円)	取引所	PER(倍)	PBR(倍)	配当利回り
6486	イーグル工業	1,282	63,790	プライム	9.17x	0.62x	3.90%
6501	日立製作所	7,776	7,294,534	プライム	11.70x	1.61x	n/a
6506	安川電機	5,520	1,472,132	プライム	n/a	4.15x	1.16%
6752	パナソニック ホールディングス	1,289	3,163,279	プライム	14.33x	0.87x	2.33%
6902	デンソー	7,541	5,941,893	プライム	17.71x	1.36x	2.39%
6973	協栄産業	2,113	6,748	スタンダード	7.06x	0.41x	3.31%
6981	村田製作所	7,726	5,221,341	プライム	21.53x	2.08x	1.94%
7012	川崎重工業	2,930	492,011	プライム	9.09x	0.88x	2.39%
7202	いすゞ自動車	1,557	1,210,477	プライム	8.62x	0.94x	4.62%
7224	新明和工業	1,179	82,530	プライム	13.88x	0.81x	3.56%
7246	プレス工業	531	57,664	プライム	9.65x	0.55x	3.95%
7267	本田技研工業	3,492	6,325,508	プライム	8.17x	0.53x	3.44%
7305	新家工業	2,070	12,514	スタンダード	3.97x	0.37x	5.80%
7537	丸文	1,225	34,363	プライム	7.36x	0.68x	5.47%
7751	キヤノン	2,974	3,966,613	プライム	11.18x	0.97x	n/a
7911	凸版印刷	2,778	971,484	プライム	12.77x	0.67x	1.58%
7940	ウェーブロック ホールディングス	609	6,772	スタンダード	2.22x	0.32x	4.93%
7953	菊水化学工業	388	4,945	スタンダード	30.46x	0.52x	4.12%
8014	蝶理	2,531	64,043	プライム	7.24x	0.87x	4.15%
8031	三井物産	4,197	6,482,940	プライム	6.09x	1.08x	3.22%

株式コード	銘柄名	株価（円）	時価総額（億円）	取引所	PER（倍）	PBR（倍）	配当利回り
8088	岩谷産業	6,450	377,723	プライム	12.37x	1.28x	1.32%
8093	極東貿易	1,502	19,514	プライム	18.48x	0.78x	5.43%
8316	三井住友 フィナンシャルグループ	5,568	7,654,281	プライム	9.61x	0.61x	4.13%
8410	セブン銀行	278	327,848	プライム	16.77x	1.31x	3.96%
8601	大和証券グループ本社	627	984,000	プライム	n/a	0.65x	n/a
8750	第一生命ホールディングス	2,474	2,448,490	プライム	11.46x	0.99x	3.48%
8801	三井不動産	2,545	2,413,809	プライム	12.85x	0.84x	2.36%
8835	太平洋興発	863	6,717	スタンダード	11.19x	0.43x	4.98%
9020	東日本旅客鉄道	7,754	2,930,488	プライム	48.70x	1.19x	1.29%
9039	サカイ引越センター	4,620	97,768	プライム	12.74x	1.18x	2.06%
9104	商船三井	3,385	1,225,413	プライム	1.53x	0.64x	16.54%
9202	ANAホールディングス	2,958	1,432,298	プライム	15.63x	1.65x	0.00%
9308	乾汽船	1,758	45,836	スタンダード	4.64x	1.31x	10.07%
9366	サンリツ	748	4,493	スタンダード	5.29x	0.40x	4.01%
9843	ニトリホールディングス	17,420	1,993,606	プライム	18.93x	2.48x	0.84%
9880	イノテック	1,359	18,618	プライム	10.82x	0.75x	5.15%

1518 三井松島ホールディングス

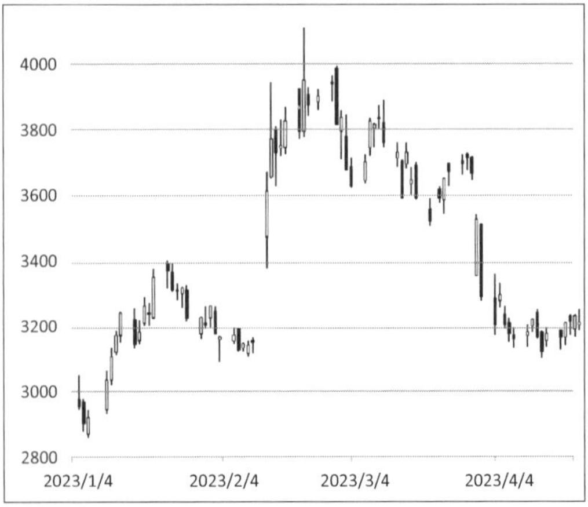

オーストラリアで炭鉱を営む石炭の会社。近年、相次ぐM&Aにより、エネルギー事業（石炭事業）以外の分野である生活関連事業が伸びている。ウクライナ戦争により石炭価格が高騰したことが強い追い風となり2023年3月期は利益が急伸した。2024年3月期は石炭価格一服で減益予想であるが、生活関連事業は底堅く推移しそう。

1717 明豊ファシリティワークス

オフィスの設計や施工管理に特化した企業。発注者からの依頼を受け、プロジェクトの初期段階から参加して、ゼネコンを始めとする各種建築業者と交渉する。プロジェクト遅延の防止やコスト管理、施工品質の確保などを一括して請け負う。資材高などから建設コストが予算オーバーするプロジェクトが増えていることから、この会社のサービスに対するニーズが高まっている。

1812　鹿島建設

最大手ゼネコンの一角であり、1840年創業の名門企業である。鉄道・土木から、超高層、耐震、原発など様々な案件を多数こなしてきた。特に原発に関しては技術力の高さが評価されている。海外での実績も豊富である。東京オリンピック後の端境期をこなし、足元では受注残高が高水準になっていることから資材高の影響をカバーできそうである。

1961　三機工業

ビルや工場の空調設備工事の大手。特に半導体のクリーンルームなどの産業空調に強い。国内はクリーンルームの新設案件が乏しいものの更新需要がコンスタントに出る。大型工事の期ズレが発生したため2023年3月期は苦戦したが、依然として受注残高は高水準。足元では半導体関連の工事が旺盛であり、業績急回復が見込まれる。

1972 三晃金属工業

新日鉄系の金属加工業者で、長尺屋根のトップ企業。オリンピックで使われた国立競技場の屋根や関西国際空港のターミナルビルの屋根を手掛けた。近年、物流倉庫や工場の大型化が進んでおり、長尺屋根の需要が底堅く推移していることから業績は堅調。鋼材高による利益減は施工量の増加でカバーできる見通し。

1982 日比谷総合設備

設備工事会社。NTTグループ向けの仕事が多い。NTT 本体からの仕事は殆どがリニューアル工事であり、コンスタントに仕事が来る。また、安全面や施工品質に対する要求が高いことから、この会社のように過去に実績がある企業が選ばれやすい。5G 設備関連が動き出しており、データセンターや物流施設の案件も伸びている。

2002　日清製粉グループ本社

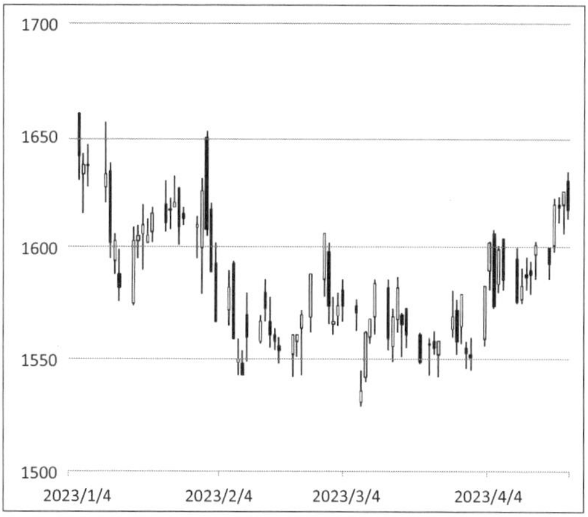

1900年創業の名門企業であり、製粉業界では圧倒的な地位を確立している。国内の人口減が消費減をもたらしており、加えて穀物価格高騰の影響も出ているが、米国を始めとする海外事業は好調。2023年3月期はオーストラリアで減損損失を計上したため最終赤字となったが、足元では加工食品の価格改定が進んでいることから、利益の急回復が見込まれる。

2181　パーソルホールディングス

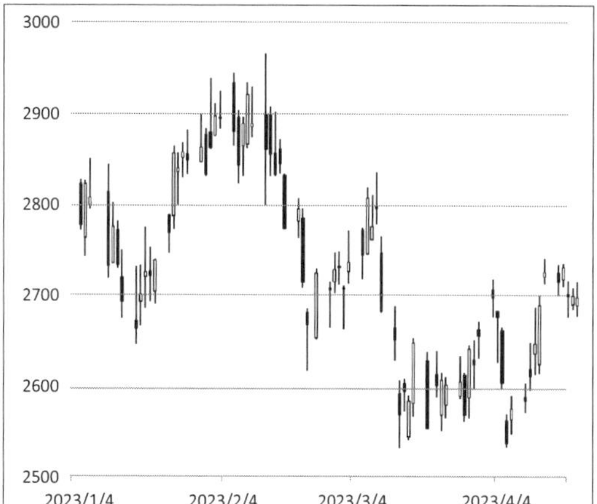

人材サービスで国内2位の大手企業。主力の人材派遣や人材紹介が堅調に推移している。ハイクラス人材の転職支援やアジアでの人材派遣も手掛けており、こちらも好調である。経済正常化と政府の経済対策がこの会社の追い風となっている。人手不足に悩む企業では「派遣社員」が当たり前になっていることから、この会社のサービスに対するニーズは根強い。好業績が続きそうである。

2485 ティア

名古屋が地盤の葬儀と法要の請負業者であり、葬祭会館を直営とFCの両方で展開している。料金やプランを開示しており、分かりやすさと適正料金を売り物にしている。また「生前見積もり」を推奨することで顧客の囲い込みに成功している。高齢化により葬儀数が増加する中、関東と関西への出店に意欲的に取り組んでおり、年間の葬儀実績は1万8000件を超える。

2674 ハードオフコーポレーション

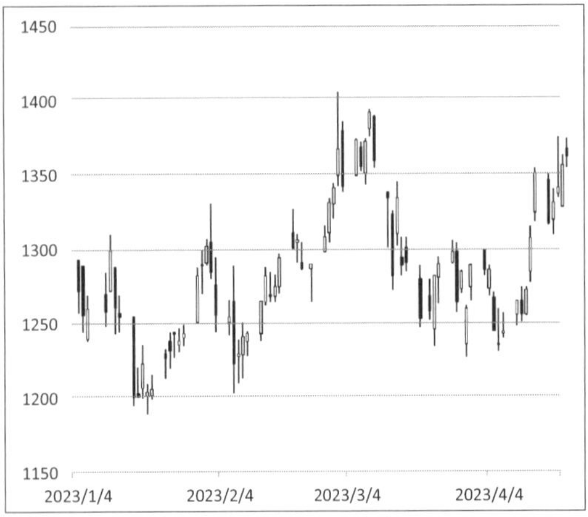

新潟が地盤のリユース大手。PC、音響、家電、衣料などの店舗を展開している。首都圏や関西圏など人口密集地への出店が手薄であり、特に関西圏における拡大を志向している。近年注力しているのがEC（ネット販売）であり、グループ各社の商品を掲載する独自のプラットフォームを構築して伸びている。節約志向や物価高からリユース品に対する社会的認知度が高まっており、業績の底打ち感が出ている。

2875　東洋水産

1953年創業の水産会社であるが、現在では「マルちゃん」をはじめとする即席麺が主力事業になっている。国内では2位であるが、アメリカとメキシコでは圧倒的な首位を維持している。原材料高の影響が特に国内で出ているが、価格改定と海外の増収でカバーしており、業績は好調である。アメリカでは節約志向から即席麺の需要が高いため、現地工場の稼働率向上に注力している。

3023 ラサ商事

ポイント

・鉱物や金属素材を扱う専門商社。
・主力のジルコンサンドは世界最大のオーストラリア生産会社から独占輸入。
・シールド掘削機の需要も拡大。

鉱物や金属素材、特殊ポンプ等を手掛ける専門商社。主力のジルコンサンドは高炉の耐火煉瓦材料や半導体チップの鏡面加工、液晶や特殊ガラスなどの製造工程などに使われる鉱物であり、世界最大の産地であるオーストラリアの生産会社から独占輸入している。近年、国内外で販売しているシールド掘進機の需要が拡大していることも追い風。

3048　ビックカメラ

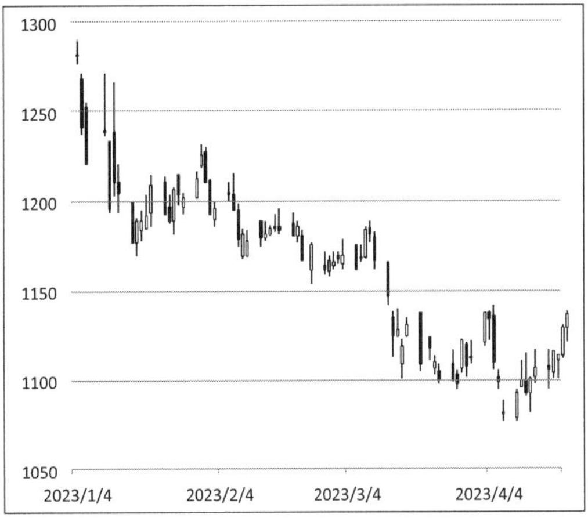

家電量販店の大手企業である。新宿駅など大きな駅の近くに大型店を出し、集客力を高める戦略で展開してきた。ソフマップやコジマなどを子会社化しておりM&Aにも実績がある。コロナ騒動により業績の苦戦が続いたが、経済正常化により人流が戻ってくることが期待できる。訪日外国人の増加もこの会社にとって強い追い風となりそう。

3099　三越伊勢丹ホールディングス

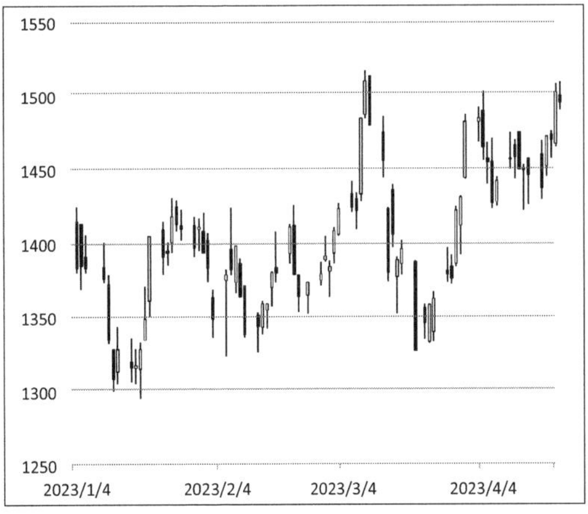

百貨店の国内トップ企業であり、旗艦店の新宿伊勢丹と日本橋三越が全国トップクラスの売上高を誇る。人口減が進む日本において首都圏はその影響が小さく、富裕層も集まっていることから、高額商品を中心に消費が戻ってきている。経済正常化により訪日外国人の増加も期待できる。赤字に転落した2021年3月期を底に、業績の回復基調が鮮明である。

3276 JPMC

賃貸住宅の一括借上、いわゆるサブリースの専業会社である。提携加盟した全国の不動産業者から地域の不動産情報を集約し、サブリースに適した立地や物件を探し出すことで、「その地域に最適な」物件を開発することを得意とする。金融のポートフォリオ運用と同様に、仮にある地域の入居率が低くても、他の地域でカバーすることで、全体としては安定的な収益を維持している。

3402 東レ

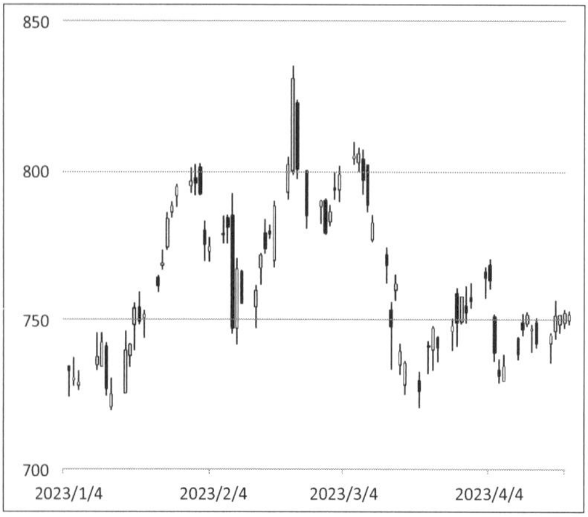

1926年創業の合成繊維の最大手メーカー。炭素繊維で世界首位。繊維、機能化成品、炭素繊維複合材料、環境・エンジニアリング、ライフサイエンスと幅広く展開している。2021年3月期はコロナ騒動の影響で利益が急減したが、その後は回復基調で推移している。足元では自動車向けの樹脂や繊維の回復が続いている。炭素繊維も堅調。

3423　エスイー

ポイント

・橋梁の耐震補強などに用いられるSEEE工法を日本に導入した企業。
・補修・補強に特化した工事も手掛けており、製品開発に役立てている。
・維持更新需要が増えている現代の日本に必須の技術を持っている。

プレストレストコンクリート（PC）用の工法であるSEEE工法を日本に導入した企業。橋梁の耐震補強などに用いられる。建設用資機材、建築用資材、建設コンサルタントの他に、補修・補強に特化した工事も請け負っており、製品開発や使い勝手の改善に役立てている。PCを用いたSEEE工法は熟練の職人技を必要としない効率的な工法であり、人手不足と技能低下に悩む現場で高い評価を得ている。新設需要がピークアウトし、維持更新需要が傾向的に増えている現在の日本において必須の技術を持つ会社である。

3553 共和レザー

ポイント

・自動車の内装用表皮材の国内トップメーカー。世界シェア２位。
・トヨタの影響が大きい。
・経済正常化により業績回復期待大。

自動車内装合成皮革表皮材で国内 70% のシェアを占めるトップメーカー。世界シェアも２位。トヨタ系。自動車向け以外にも、家具・室内ドア用やユニットバス壁面など、装飾向け製品も手掛ける。原材料や燃料の値上がりに加え、トヨタの減産の影響を受けたが、経済正常化により業績回復が見込まれる。足元では中国系向けも復調しつつある。EV 車になっても自動車メーカーは「乗り心地」を追求し続けることから、この会社の仕事はなくならない。

3816　大和コンピューター

　大阪が本社の基幹系業務ソフトの開発会社である。静岡県袋井市と提携し、土を使わない養液栽培でマスクメロンを栽培し、NFCタグを用いた「農場管理システム」を導入したことで知られる。大塚商会とSCSK（住友商事グループ）の大手２社が主要顧客であることから安定的な業績を維持している。スポーツクラブ向けの会員管理システムも順調に伸びている。

4031　片倉コープアグリ

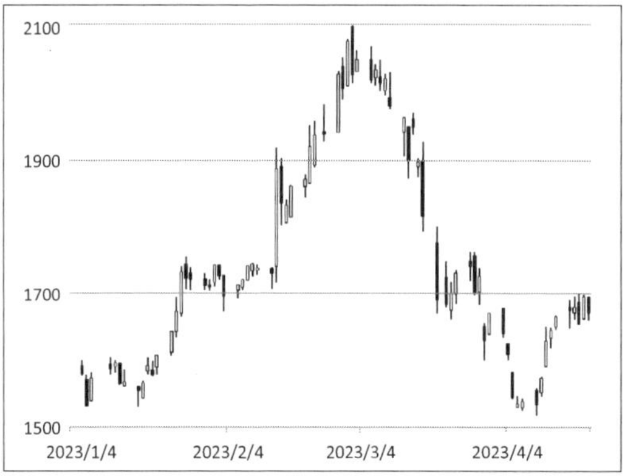

　肥料の国内最大手メーカー。片倉工業の肥料企業と全農系コープケミカルが合併して2015年に発足。2018年には上海に進出。肥料以外にも化学品原料の輸出や土壌の分析受託なども手掛ける。国内では農家の減少に伴う施肥量の減少傾向が続いているが、最大手メーカーとして残存者利益を発揮しやすい。プラスチック被覆肥料の代替品として流し込み液肥を拡販中。

4063 信越化学工業

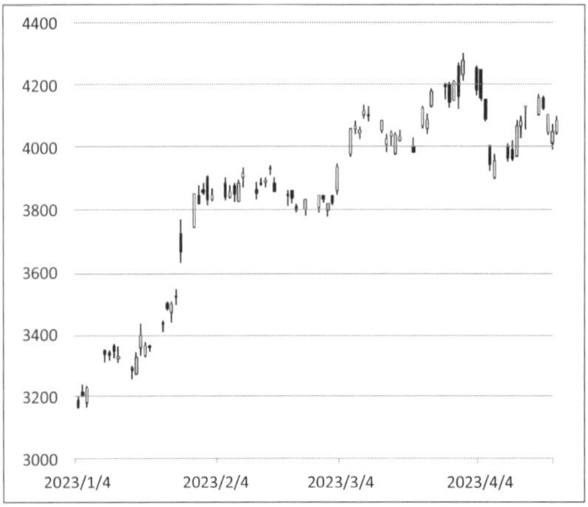

塩ビ・半導体シリコンウエハで世界首位。米国のシンテックが基幹子会社。シンテック社は1973年の創業来、半世紀で生産能力を35倍に拡大した。現在では世界最大の生産能力を誇っており原料からの一貫生産体制を構築している。2023年3月期は塩ビ、半導体とも好調であり過去最高益を更新。2024年3月期も高水準の業績が続く見通しである。

4452 花王

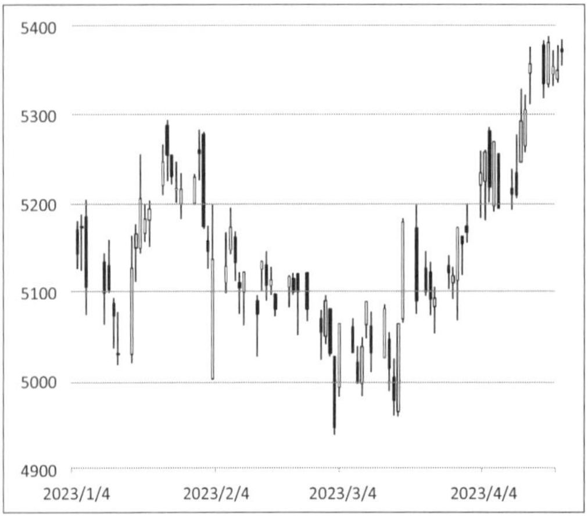

トイレタリーで国内首位。化粧品でも大手メーカーである。中国をはじめとする新興国で紙おむつが好調である。化粧品もアジア新興国の女性から支持されている。原料からの一貫生産体制を構築しており、物流・販売も自社グループで手掛けている。経済正常化によりマスクを外して行動するようになれば、国内の化粧品需要の回復につながりそう。

4502　武田薬品工業

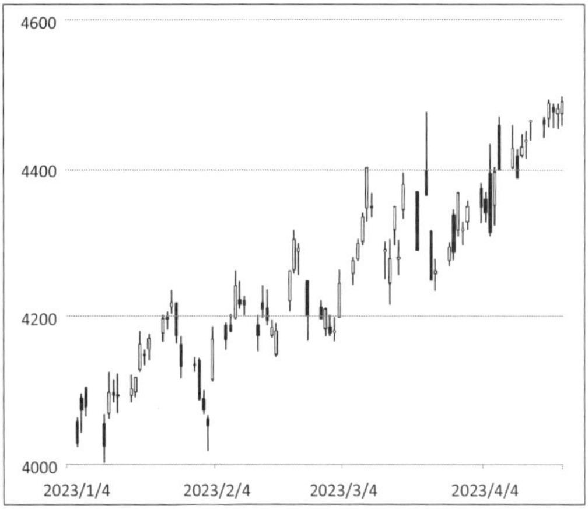

国内製薬のトップメーカー。2018年にアイルランドの製薬大手、シャイアーを買収したことで国内唯一のメガファーマ（超大手製薬会社）となった。他のメガファーマ同様、業界内でのM&Aを繰り返すことで開発力を取り込み、収益を拡大してきた。

4661　オリエンタルランド

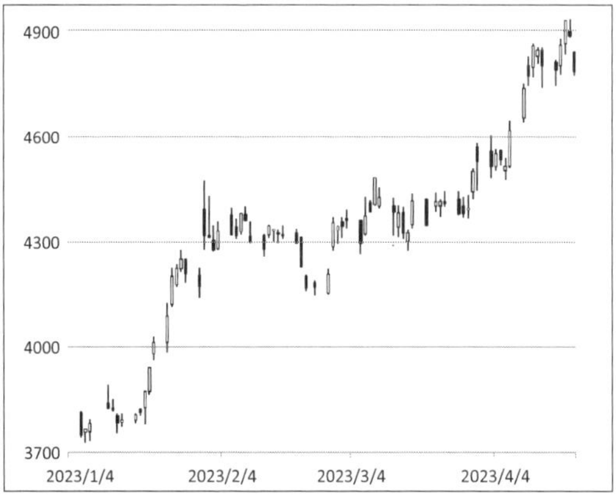

東京ディズニーランド、ディズニーシーを運営している。2021年3月期はコロナ騒動のあおりを受けて赤字に陥ったが、その後は回復基調が続いている。経済正常化と全国旅行支援の効果で客足が着実に戻っている。ディズニーランドは開園40周年であり、数々の関連イベントが打ち出されていることも業績回復を後押ししている。

4755 楽天グループ

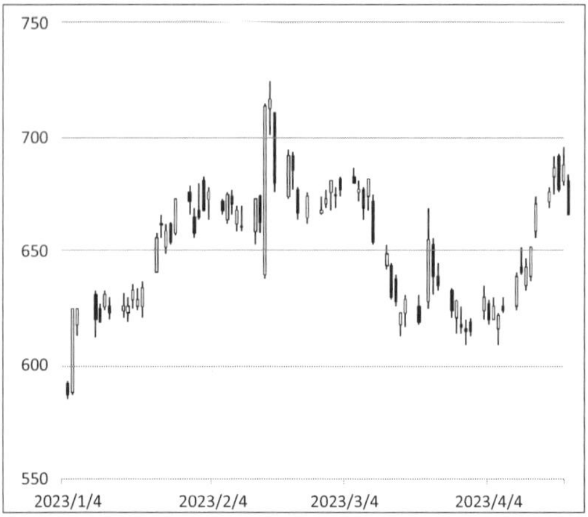

ネット通販の国内大手企業であり、金融、旅行など多角化を進めている。2023年4月には子会社の楽天銀行が上場。親会社である楽天グループが株式の一部を売却して資金を調達した。携帯電話事業の不振で赤字が続いていることから株式売却による財務体質の改善を進めている。

5108 ブリヂストン

1931年創業の世界No.1タイヤメーカー。足《た》袋《び》から始まり、ゴム工業、タイヤへと展開した。1988年に米ファイアストン社を買収したことでグローバル企業として躍進した。顧客である自動車メーカーが、コロナ騒動と半導体の調達難から大幅な減産を余儀なくされ、この会社も2020年12月期は最終赤字に陥った。ただしその後は回復が続いており、価格改定も進んでいる。

5233 太平洋セメント

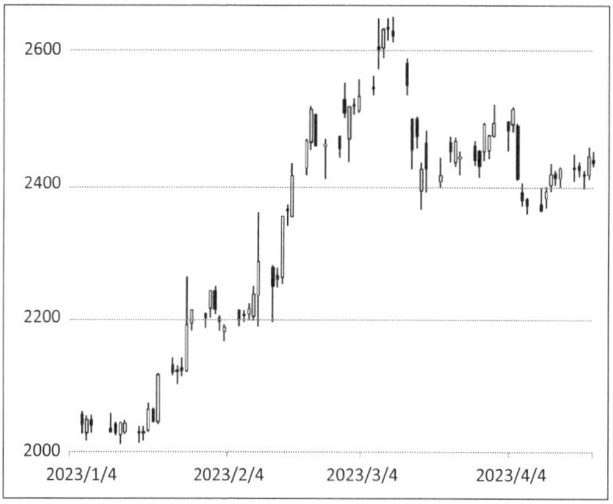

1881年創業のセメントメーカーであり国内首位。国内セメント事業、資源事業、環境事業、海外事業の4つの事業を中心に世界展開を進めている。2023年3月期は輸入燃料石炭の高騰に加え、中国子会社の事業停止に伴う特損計上で最終赤字に転落したが、足元では国内の価格改定効果と米国工場の能力増強効果で利益面の回復が鮮明である。

5351 品川リフラクトリーズ

ポイント

・高炉やコークス炉の内部の耐火煉瓦を製造している。
・耐火煉瓦は消耗品であり、炉の稼働率上昇により交換需要が高まる。
・アジア展開を志向しており、第一歩としてインドに進出した。

耐火物メーカー。特に鉄鋼業で鉄を溶かすときに使われる高炉やコークス炉の中に、レンガのように耐火物を積み上げることで、炉が痛まないようにする。耐火物は消耗品であり、炉の稼働とメンテナンスの頻度にもよるが、コンスタントに交換需要が出る。自動車産業の落ち込みにより鉄鋼需要も落ち込んだが、足元では回復基調で推移しており、業績も底打ちする見通し。アジアを軸に海外展開を志向しており、2018 年にはインドで耐火物の合弁会社を設立した。

5391　エーアンドエーマテリアル

　太平洋セメントグループの建材会社。建材事業と工業製品事業を展開している。建材事業では不燃ボードや化粧ボードの内外装材に加え、トンネル軀体の耐火材やトンネル補修・補強型枠材等を手掛けている。また工業製品事業では自動車関連製品としてシール材などに実績がある。リサイクル資源を用いた環境関連素材の拡販に注力中。

5464　モリ工業

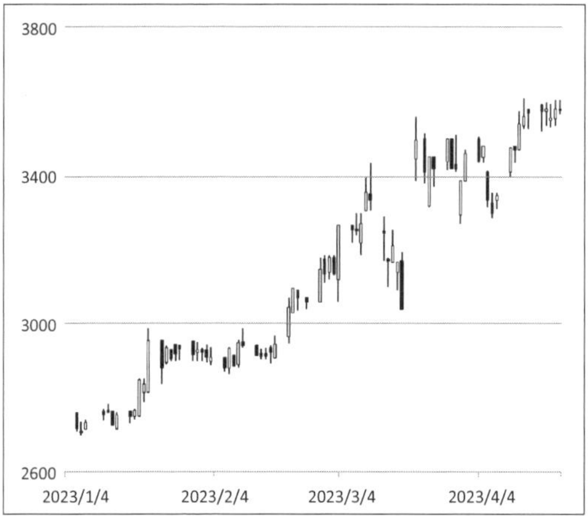

　ステンレスパイプの最大手メーカー。造管機などの生産設備や金型などを自社で設計、製作している。また、帯鋼の冷間圧延や熱処理などの加工を内製化することで付加価値を高めており、自動車メーカーから高い評価を得ている。ニッケルなどの原材料価格が高騰する中、価格転嫁を進めることで採算性を維持している。

5471　大同特殊鋼

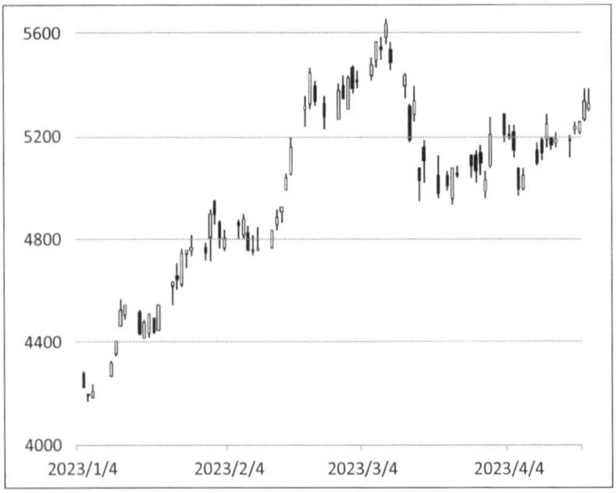

自動車部品や建設資材などで使われる特殊鋼の世界 No.1 メーカーである。日系自動車メーカーが主な取引先であるが、自動車産業以外にも航空機や発電所、産業機械向けなど幅広い産業に素材を提供している。2023 年 3 月期は自動車の減産の影響を価格改定によりカバーし、大幅な増益を確保した。2024 年 3 月期も価格改定が進む見通し。

5612　日本鋳鉄管

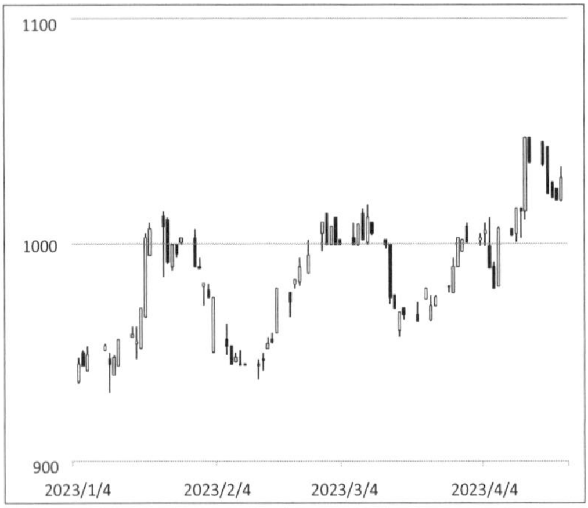

JFE 系列の鋳鉄管メーカー。クボタ、栗本鉄工所に次ぐ国内第 3 位。特に関東圏に強い。水道管の更新需要は年々増加しており、この会社を含む上位 3 社でこなさなければ間に合わないため、仕事がコンスタントに来る。原材料高、電気代高騰の影響は出ているものの、価格改定は概ね順調。現場の施工を効率化する新製品を開発し、施工者の使い勝手の良さを追求している。

5802　住友電気工業

電線で首位。自動車用ワイヤーハーネスや光ケーブル、海底送電線などで世界屈指の実績がある。足元では主力の自動車向けワイヤーハーネスが自動車メーカーの減産の影響を受け苦戦しているが、経済正常化で回復が見込まれる。子会社である日新電機及びテクノアソシエを TOB により完全子会社化した。長寿命の蓄電池をアメリカで展開する計画。

5930 文化シヤッター

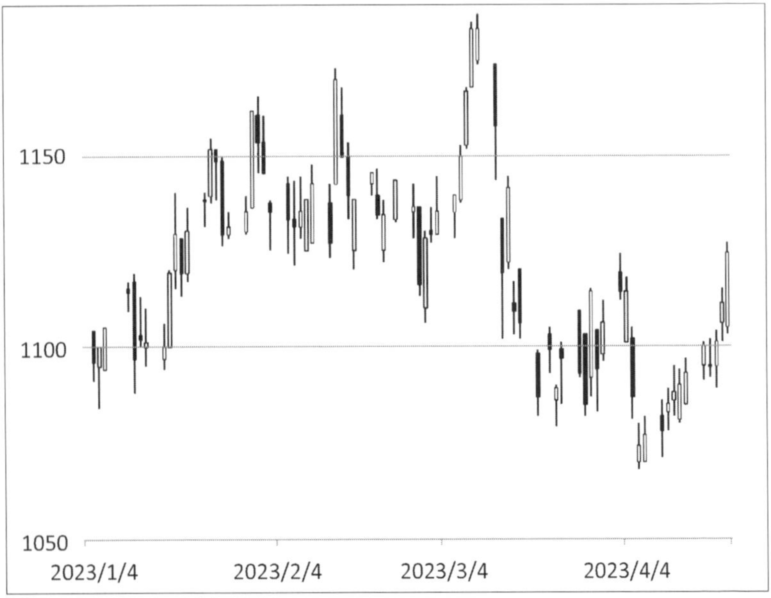

ポイント

- 業界２位のシャッターの会社であり、全国をカバーしている。
- シャッターはメンテナンスが必要なストックビジネスであり、大手が有利。
- 防火シャッターの国内シェア 40% であり、点検義務化が追い風に。

1955 年に「日本文化扉」として創業。シャッター業界２位である。業界１位の三和ホールディングスと同じく、全国を網羅する営業網を構築している。シャッターは取り付けた後もメンテナンスを必要とするストックビジネスであるため、この会社のような大手が利益を確保しやすい。2013 年に福岡の医療施設で死者 10 名の火事が起きたことで防火シャッターの定期点検が義務化された。この会社の防火シャッターは国内シェア 40%、140 万のストックがあり、業績の下支え要因となっている。

6289　技研製作所

ポイント

・無振動・無騒音の杭打機「サイレントパイラー」を世界で初めて開発。
・護岸工事を始めとするインフラ整備などで多くの実績がある。
・部品調達難に見舞われているが需要は旺盛であり、中長期的には有望。

1967年に高知で創業した建設機械メーカー。打ち込まれた杭を摑み、その「引抜抵抗力」で機体を安定させ、油圧による静加重で杭を押し込む「サイレントパイラー」を世界で初めて開発した。無振動・無騒音かつ省スペースなこの機械は世界で高く評価されており、各国の護岸改修工事などで使われている。原価高に加え、部品調達難にも直面していることから2023年8月期は苦戦しているが、インフラの整備が急ピッチで進んでいるアジア新興国などの需要は旺盛。経済正常化で調達難が解消すれば業績も回復する見込み。

6302 住友重機械工業

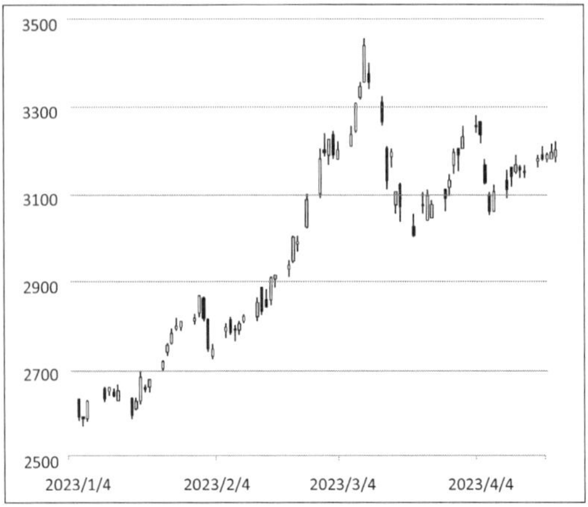

1888年創業の機械メーカー。建設機械以外にも鍛造プレスを始めとする精密機械やプラントシステム向けの蒸気タービンなど、様々な分野に展開している。特に変減速機は国内首位。2022年12月期は発電事業の不採算案件や資材高などから苦戦したが、足元ではその影響も一巡しつつあり、業績回復局面に。半導体装置など好調な部門が牽引役となり利益の急回復が見込まれる。

6306 日工

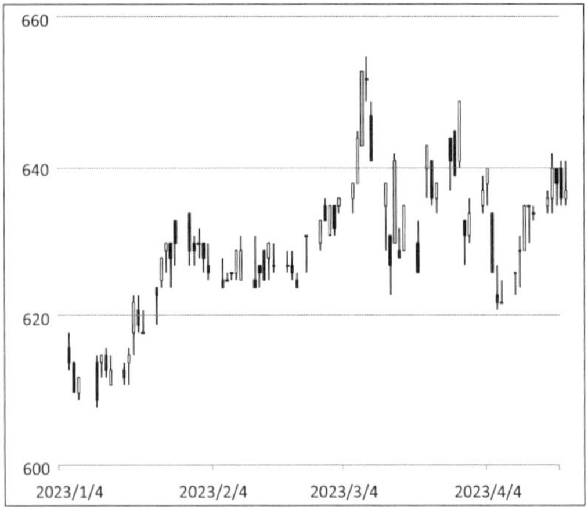

アスファルト、生コンのプラントメーカー。特にアスファルトのプラントはトップシェア。売り上げの殆どが更新需要であり、高いシェアを持つ企業に有利。近年、相次ぐ災害やインフラの老朽化により、アスファルトの消費量は増加傾向で推移しており、業績は堅調に推移している。加えて、高速道路各社が大規模更新事業を本格化していることも追い風。

6333　帝国電機製作所

モーターコイルを缶詰上に密閉してポンプと一体化した「無漏洩ポンプ」で国内シェア６割、世界シェア４割のトップメーカー。無漏洩ポンプは取扱液が漏れることがない。そのため爆発性、引火性、毒性のある液体や化学薬品などの取り扱いに適している。石油化学プラント、ファインケミカル、原子力発電所などで用いられており、過去の実績から高い信頼を得ている。

6369　トーヨーカネツ

原油タンクや液化天然ガス（LNG）の貯蔵タンクのメーカー。近年、貯蔵タンクは不振が続いているが、代わって、物流倉庫の増加を背景に自動倉庫が好調。生協やEC各社での実績が豊富。人手不足の深刻化とECの拡大により、物流倉庫の自動化ニーズが高まっている。空港のコンベヤでも高いシェアを持っている。

6393 油研工業

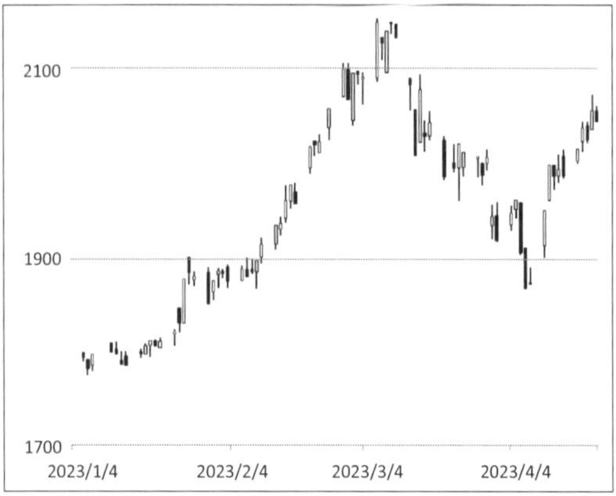

工作機械、産業機械用の油圧機器メーカー。油圧式のバルブ、ポンプ、シリンダーなどを製造。国内よりも、中国とインドを主とするアジアでの収益のほうが大きい。特に中国がゼロコロナを解除し、経済が回復していることから、この会社にとって追い風。ASEAN での展開が進んでおり、新興国の経済発展を取り込んでいる。

6486 イーグル工業

メカニカルシール、特殊バルブのメーカー。自動車向けに強く、船舶や航空機用も手掛ける。メカニカルシールは、ポンプなど回転機械の軸から油などが漏れないように設置されるパッキンの一種であり、機械の性能を維持するうえで重要。環境汚染防止の観点からもニーズが高まっており、特に東南アジアと北米で需要が旺盛。

6501　日立製作所

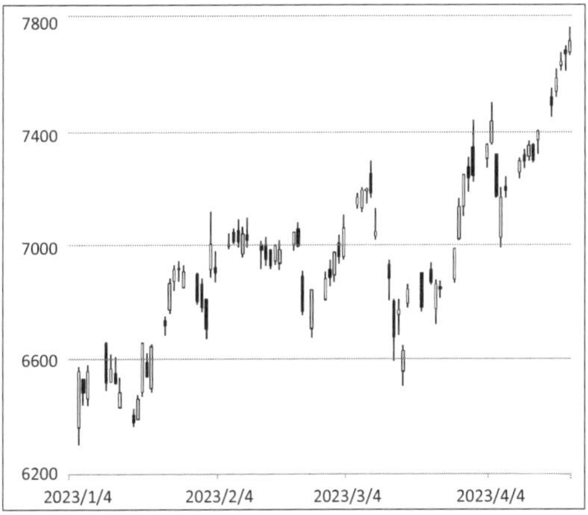

1920年創業の総合電機・重電首位メーカー。経営資源をインフラ系事業に集約中であり、グループの日立建機、日立金属、日立物流などの株式を売却。2023年3月期は送電線や半導体製造装置などが好調であり、全セグメントで増収増益を確保した。2024年3月期も鉄道などインフラ部門が伸びる想定。

6506　安川電機

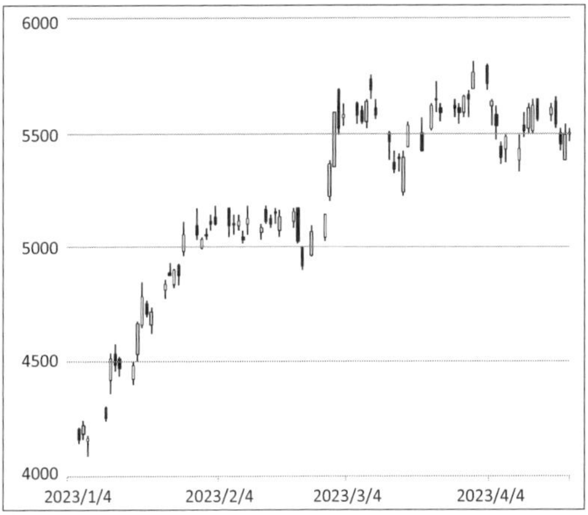

独自製造技術に特徴。サーボモーター、インバーターで世界首位。産業用ロボットも累積台数で世界トップクラス。EV車関連の設備投資が本格化しており、この会社の産業用ロボットにとって追い風となっている。新規事業の柱である「環境エネルギー事業」はインバーターを使った省エネ技術や太陽光発電などの創エネ技術を展開中。

6752 パナソニックホールディングス

1918年創業の総合家電大手メーカー。2022年から持ち株会社化した。白モノ家電が主力であるが、電池などのデバイス事業や車載機器、航空機器、住宅設備などにも展開している。原価高で苦戦しているが、価格改定効果が浸透してきたこともあり採算性改善が進んでいる。

6902 デンソー

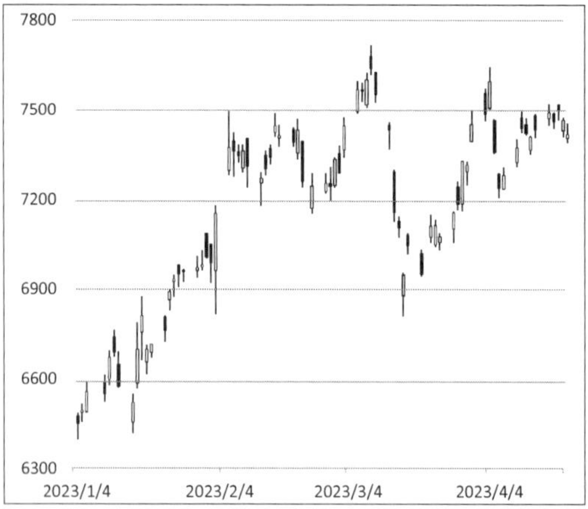

1949年創業の自動車部品メーカー。国内首位、世界2位のグローバル企業である。トヨタ系であるがトヨタ以外への販売が増えている。技術力の高さに定評がある。2023年3月期は円安メリットや合理化努力により、売上、利益とも過去最高を更新した。効率よく水素を作り出すための水電解装置「SOEC」を開発するなど、水素社会の実現に向けて注力中。

6973　協栄産業

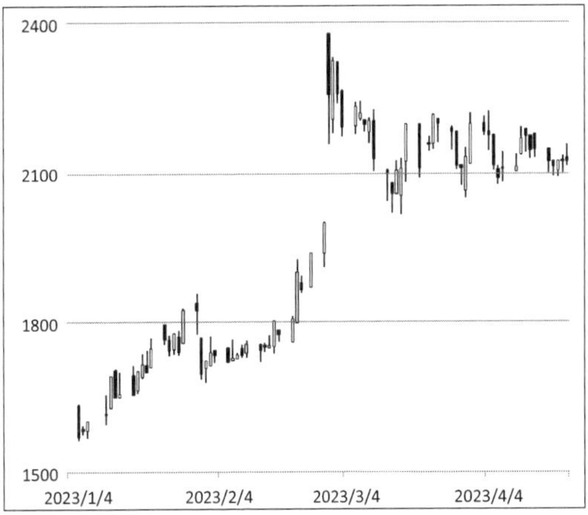

三菱電機系のエレクトロニクス商社。半導体や電子デバイス材料に強い。ロボットの制御システムなど組み込み開発も手掛けている。プリント配線板の赤字が続いているものの、赤字幅は大幅に縮小しており、連結営業利益は急回復している。2023年3月期は、前期の固定資産売却益がなくなり減配となる見通しであるが、本業は回復傾向で推移しそう。

6981　村田製作所

1944年創業の電子部品メーカー。電気の流れを整えるセラミックコンデンサで世界シェア首位。2023年3月期は主力のセラミックコンデンサがスマホの生産減の影響などから減益での着地となった。2024年3月期は円安メリットがなくなることや原料高、電気代の高止まりを想定しており減益見通しであるが、スマホや自動車向けが経済正常化で上向くことを期待。

7012 川崎重工業

総合重機の大手メーカーであり、造船、航空機、鉄道、大型二輪など幅広く展開している。1906年に国産第一号の潜水艇を建造。戦後も1960年に自衛隊向け国産潜水艦を建造するなど、国産潜水艦のパイオニアでもある。現在の主力は大型二輪。2023年3月期は円安メリットもあり大型二輪が大きく伸びた。

7202 いすゞ自動車

トラック大手の一角。この会社は中小型トラックに強い。2020年に大型トラックに強いUDトラックス（旧日産ディーゼル）を買収して製品ラインナップを拡充した。海外では特にタイで4割強のシェアを占める。2023年3月期は資材費・物流費の高騰を販売台数増と円安メリットでカバーして増収増益を確保した。国内は苦戦したもののタイを始めとする海外が好調で、全体の業績を押し上げた。

7224　新明和工業

ポイント

・ダンプトラックなど「特装車」の国内トップ企業。
・救難飛行艇「U-2」を自衛隊向けに納入。
・価格改定により採算性改善に注力。

ダンプトラックで国内シェア５割の首位企業。ダンプトラックやごみ収集車などの特装車事業が主力事業。機械式駐車場設備や水処理機器、真空成膜層なども製造している。自衛隊向けに世界最高性能の救難飛行艇「U-2」を納入していることで有名。航空旅客搭乗橋の「自動装着システム」を世界で初めて開発するなど技術力の高さに定評がある。2023年３月期は、主力の特装車が資材高の影響もあり苦戦した。４月発注分より価格改定を実施するなど採算性改善に注力中。

7246 プレス工業

自動車のフレームやアクスルシャフト（車輪をつなぐホースに搭載された軸）のメーカー。特に大型トラックのフレームやアクスルに強く、６割強のシェアを占めている。各メーカーの開発段階からスペックイン活動を行い、トラックメーカーの様々な要求にきめ細かく対応している。

7267　本田技研工業

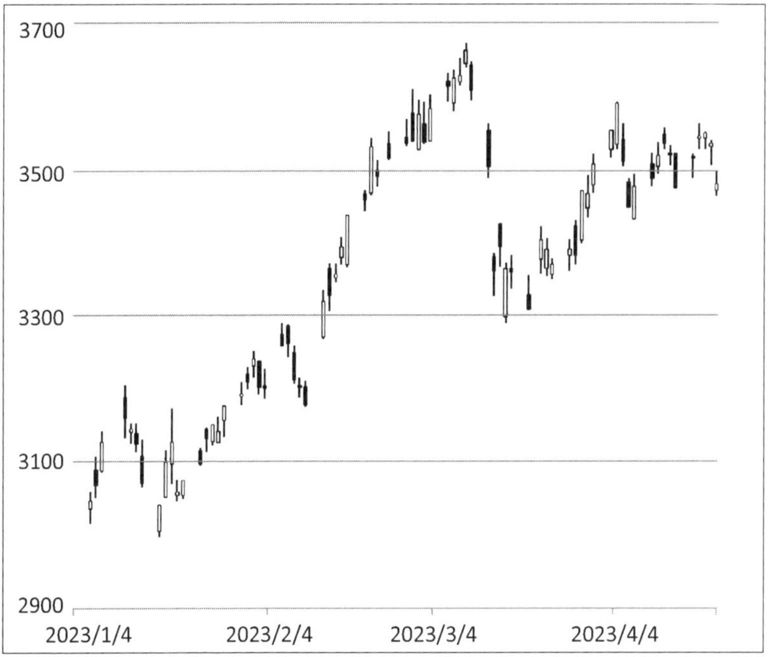

ポイント

・二輪車の世界トップメーカー。四輪車でも世界トップ 10 に入る。
・新興国における二輪車需要の回復が追い風。
・2040 年に全ての新車を EV 車か燃料電池車にする方針。

二輪車の世界トップメーカー。四輪車でもトップ 10 に入っている。小型ビジネスジェット「 Honda Jet 」を成功させた。2023 年 3 月期は、四輪事業は半導体不足や原材料価格高騰の影響もあり苦戦したが、二輪事業は過去最高レベルの利益を確保した。特に東南アジアや BRICS など新興国の伸びが顕著であった。2023 年 4 月にはジーエス・ユアサと組み、国内に EV 車用のリチウムイオン電池工場を立ち上げることを発表。2040 年に全ての新車を EV 車か燃料電池車（ FCV ）にする方針を掲げている。

7305 新家工業

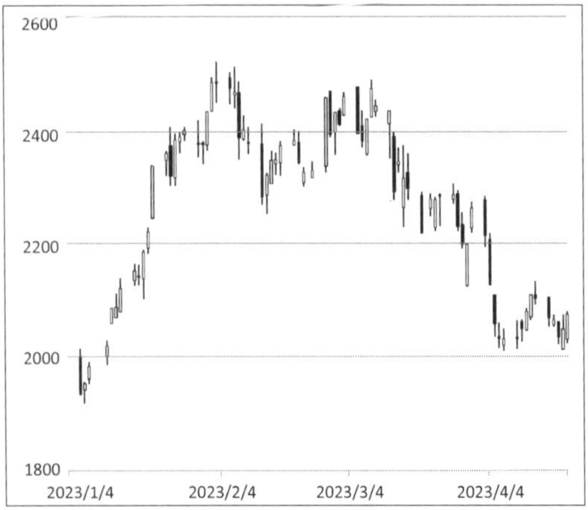

自転車用リム（車輪の円環）の国内におけるパイオニア。リム以外にも普通鋼の溶接管や、建材、スチール家具用の小径パイプ等も手掛けている。2000 年代から車椅子用のサスペンションホイルなど福祉機器に注力している。近年ではデータセンターや物流倉庫向けの普通鋼販売が順調であり、価格転嫁も進んでいる。2023 年 3 月期も水処理施設などの公共投資向けが堅調に推移する見通し。

7537 丸文

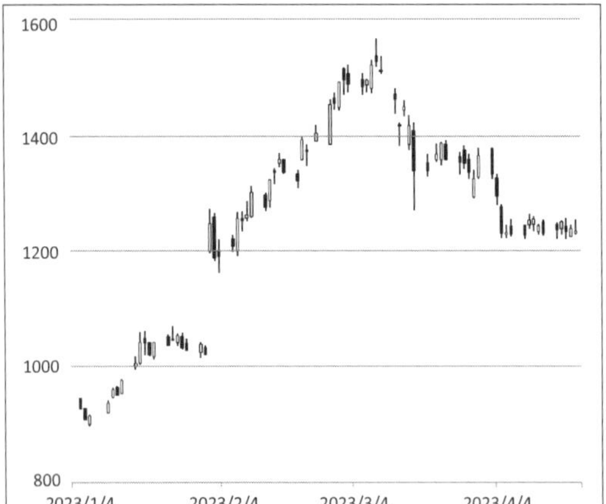

江戸時代創業。通信機器・民生機器向けの半導体を扱うエレクトロニクス商社。半導体、電子部品、電子公用機器などの販売を、世界約 50 拠点で展開。電子部品組立検査装置や高信頼性部品が増加している。システム案件も手掛けており業績の安定化要因となっている。

7751 キヤノン

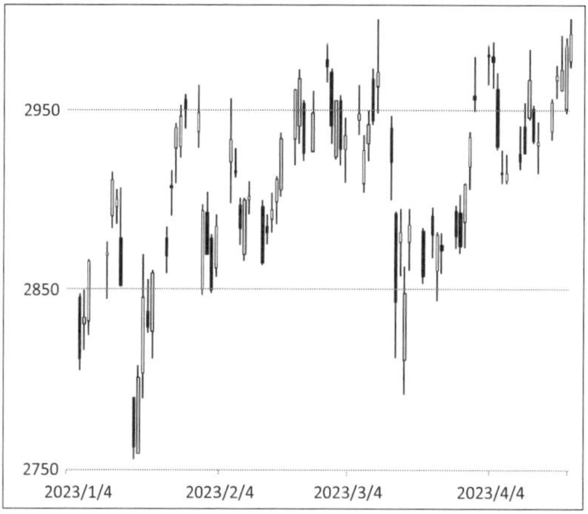

カメラ、事務機器の世界大手メーカー。監視カメラや医療機器も手掛けている。2022 年 12 月期は計画値には届かなかったものの円安効果もあり増収増益を確保。注力中の医療機器が過去最高の売上高、利益を更新した。2023 年 12 月期第 1 四半期は経済正常化の流れに乗り二桁増収増益を確保、年間でも 3 期連続の増収増益を目指している。

7911 凸版印刷

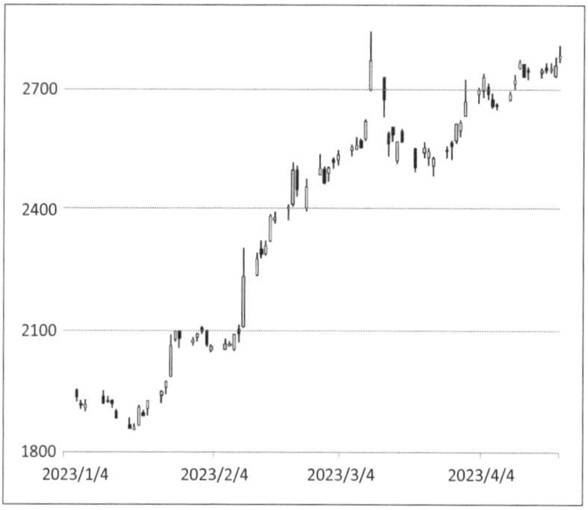

印刷業界 2 位。印刷技術を基盤にした液晶や半導体部材などエレクトロニクス分野が好調。2023 年 3 月期は情報コミュニケーション事業と生活・産業事業が利益面で苦戦する中、エレクトロニクス事業が利益の牽引役となった。半導体向けが好調であった。4 月には半導体受託製造会社である JS ファンダリと組み、電力の制御を担う「パワー半導体」事業に参入することを発表。パワー半導体の設計から製造まで一貫して請け負う体制を目指す。

7940 ウェーブロックホールディングス

合成繊維による防虫網を国内で初めて開発したトップメーカー。建築現場で使われるメッシュシートや農業用の防虫ネットも手掛ける。サンゲツと提携して壁紙を製造販売していたが、2021 年に撤退。近年伸びているのが特殊金属を蒸着した金属調加飾フィルムであり、自動車や家電などで用いられている。2022 年 3 月期から同製品が北米トラックメーカーに採用され、量産を開始した。

7953 菊水化学工業

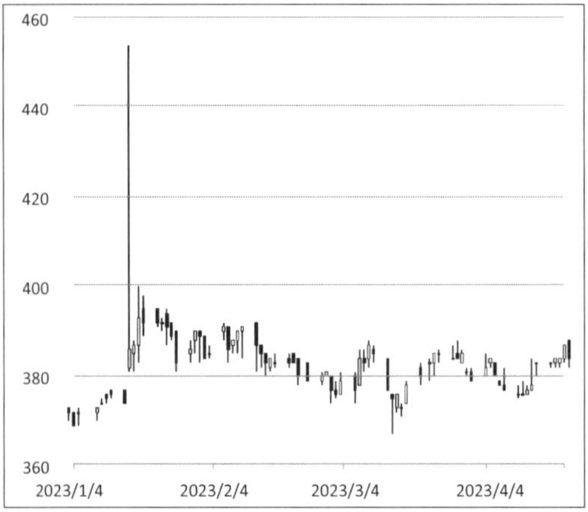

建築用の仕上げ材に強い塗料メーカー。特に戸建向けは、下地から仕上げまで自社で一貫施工できる体制を構築しており、大手ハウスメーカーから高い評価を得ている。国内の住宅市場は新築が減少する一方、リフォームが増えていることから、専門部署を設置して展開中。

8014　蝶理

江戸時代創業の繊維商社であり、現在は東レの連結子会社。1953年に東レのウーリーナイロンの一手販売を開始し、合成繊維をひろめた。1961年には中国より友好商社の指定を受け、日中貿易のパイオニアとなる。取引先の中国企業の破産により苦戦していたが、足元では経済正常化もあり業績が急回復している。

8031　三井物産

明治維新後の日本の躍進を担った名門総合商社。鉄鉱石・原油の生産権益量は商社の中でも飛び抜けて多い。ウクライナ戦争勃発後も、権益を持つサハリンプロジェクトから撤退しなかった。2023年3月期はLNGや石炭の上昇が追い風となり増収増益を確保した。4月にはマレーシアのセキュリティ大手に追加出資。同じく4月にはフィリピンのインフラ大手にTOBをかけるなど積極的な事業活動を展開中。

8088　岩谷産業

産業・家庭用ガス専門商社。LPガスでは国内首位であり、カセットガスコンロで有名。水素事業を推進中であり、全国165の水素ステーション（2023年4月現在）のうち3割強をこの会社が開設した実績がある。2023年3月期はLPガス価格の高騰により増収となったものの市況要因で採算性が低下し、利益面が苦戦した。4月には三菱重工業と水素発電向けポンプで提携するなど水素ビジネスを推進している。

8093　極東貿易

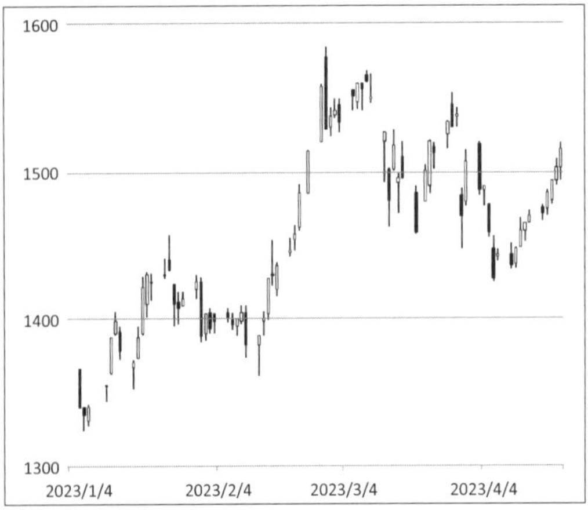

産業向け電子機器、設備機器、高機能材料の専門商社。発電所向けの制御機器などに強く、東電を始めとする国内の9電力会社全てと取引している。また防衛関連でも航空機向けや観測機器などで実績がある。配当性向100%を志向している。

8316　三井住友フィナンシャルグループ

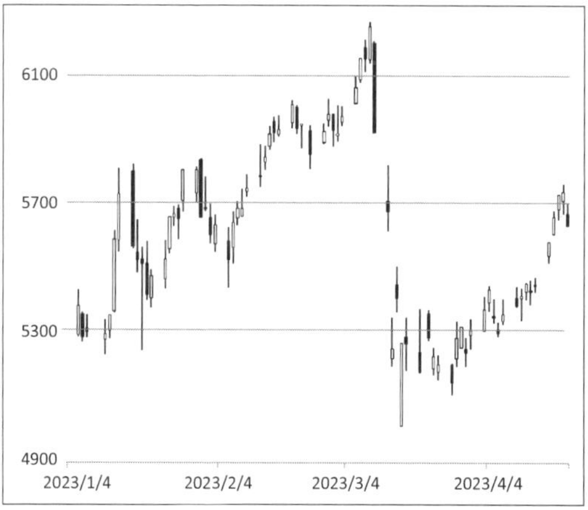

メガバンクの一角であり、傘下に三井住友銀行、SMBC日興証券、三井住友カードなどの多数の金融子会社を有する。2023年3月には銀行、証券、保険、カードなどのサービスを集約したアプリである「Olive（オリーブ）」を開始。4月には米大手証券のジェフリーズ・ファイナンシャル・グループに出資するなど海外展開にも意欲的。

8410　セブン銀行

提携金融機関からのATM手数料が収益の柱。ATMの設置はセブンイレブンの店舗をメインに2022年12月末時点で2万6731台を設置。国内のATM利用が堅調に推移する中、アメリカ、インドネシア、フィリピンにも展開。入国制限の緩和により海外発行カードの利用が増加しており、経済正常化が追い風となっている。

8601 大和証券グループ本社

総合証券2位。この会社の業績は株式の市況に大きく連動するが、手数料ビジネスからの脱却を図っている。国内に強固な地盤を築いており、海外はアジアを中心に提携先を広げている。2023年3月期は受入手数料やトレーディング収益が減少したことで連結ベースでも減収減益での着地となったが、ラップ（投資一任契約を結んで資産の運用・管理を任せる金融サービス）は過去最高となる3兆円を突破した。

8750 第一生命ホールディングス

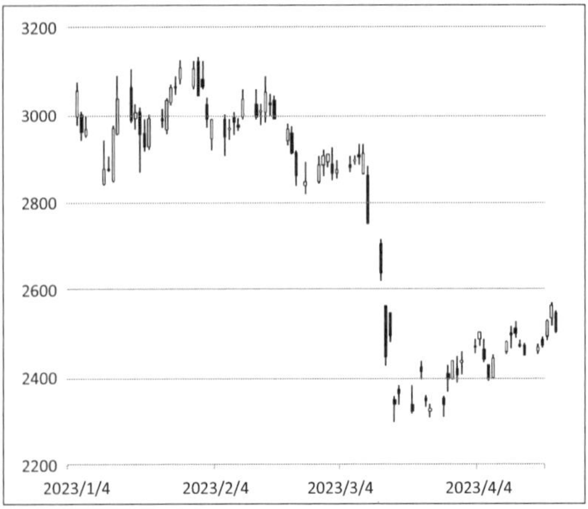

生命保険業界大手。アメリカ、オーストラリア、東南アジアなどで積極的なM&Aを実施し、海外展開を加速している。国内でも2023年1月に動物保険のアイペットホールディングスをTOBで子会社化した。2023年3月期はコロナの入院給付金支払い増加などで保険関係損益が悪化し、増収減益となった。足元ではコロナの一服で損益が改善してきており、業績は回復傾向。

8801　三井不動産

ビル賃貸と住宅分譲が主力の総合不動産最大手。ホテル事業も手掛ける。北米とアジアの不動産開発に注力中。コロナ騒動の影響で2021年3月期は大幅減益での着地となったが、その後は業績が改善している。2023年3月期は経済正常化もあり大幅増益を達成した。

8835　太平洋興発

木村組釧路炭礦《たんこう》と三井鉱山釧路鉱業所の合併により発足した太平洋炭礦が母体。現在では輸入炭の販売が主力。また石炭の輸送や石油の仕入販売も手掛けている。近年ではパーム椰子殻と木質ペレットなどのバイオマス燃料の仕入れ販売に注力しており、2024年3月期には2023年3月期の4倍の売上高を目指している。

9020　東日本旅客鉄道

ポイント

- 鉄道最大手。
- コロナ騒動で赤字に陥ったが 2023 年 3 月期は 3 期ぶりに黒字転換。
- 2024 年 3 月期は主力の運輸事業が 4 期ぶりに黒字となる見通し。

首都圏と東日本が地盤の鉄道最大手。コロナ騒動により 2021 年 3 月期、2022 年 3 月期と 2 期連続赤字を計上したが、2023 年 3 月期は 3 期ぶりに黒字転換した。ただし主力運輸事業は 3 期連続赤字を計上した。稼ぎ頭は不動産・ホテル事業であり、また、流通・サービス事業も大きく伸びた。2024 年 3 月期は運輸サービスが 4 期ぶりに黒字化する見通しであり、本格的な業績回復局面となりそう。

9039 サカイ引越センター

引っ越し業界首位。値引きを抑制した営業により1件当たりの単価を上げ、数量減をカバーしている。主力の引っ越し以外にも電気工事やリユース事業などを展開している。2022年8月には住宅・商業施設向けの修復・保守サービスを手掛けるキャンディルの株式を取得し持分法適用会社にした。従業員の適性に応じて引っ越し以外の業務への転換が可能な雇用環境を整備している。

9104 商船三井

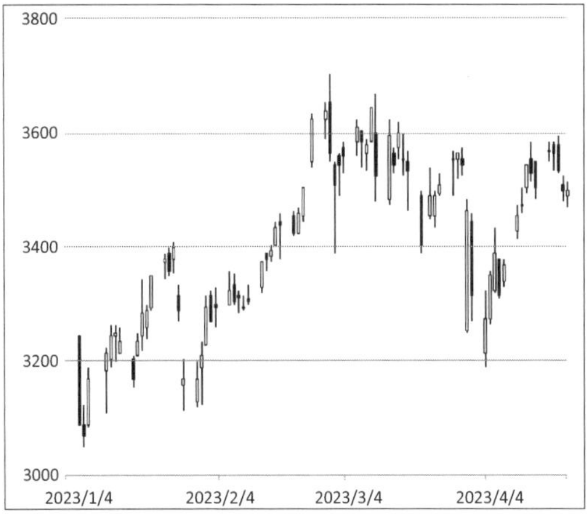

1878年創業の大手海運会社。日本郵船、川崎汽船と並ぶ三強の一角。鉄鉱石船、タンカー、LNGが中心。2023年3月期は油送船や自動車船が好調で、営業利益は前の期から97.6%増益を達成し、過去最高益を更新。4月には三井海洋開発へ出資し業務提携計画を締結した。海洋資源・エネルギーの開発に注力する。

9202 ANAホールディングス

国内線、国際線ともに国内首位。傘下にLCC（低価格）のピーチを持つ。2023年3月期は航空事業の需要回復により大幅な増収を確保した。損益は3期ぶりに黒字転換し、期初の利益目標を大幅超過達成した。特に国際旅客は前年比6.2倍と大幅に増え、業績回復の牽引役となった。2024年3月期も経済正常化の進展により増収増益が続く見通し。

9308 乾汽船

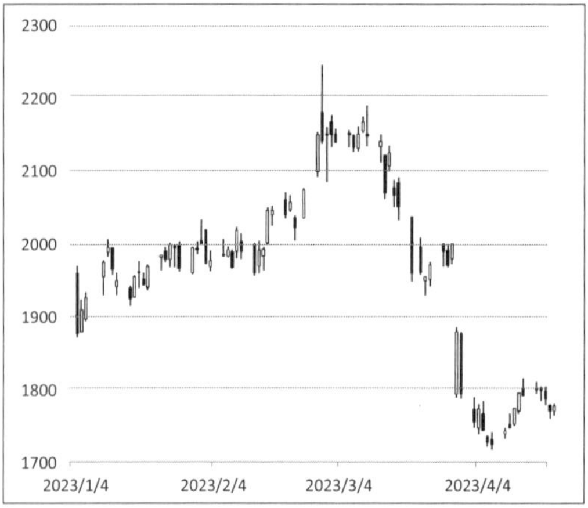

外航海運会社。倉庫事業も手掛ける。全船にクレーンが設置された中小型のばら積み船を運航しており、荷役設備のない港でも荷役が可能。港湾設備の整っていない港にも入港できることから高い競争力を維持している。アクティビストとの対立が激化したことが影響し、配当性向が3割に上昇。2024年3月期も船舶需給の逼迫《ひっぱく》が続きそうであり、高水準の利益が期待できる。

9366　サンリツ

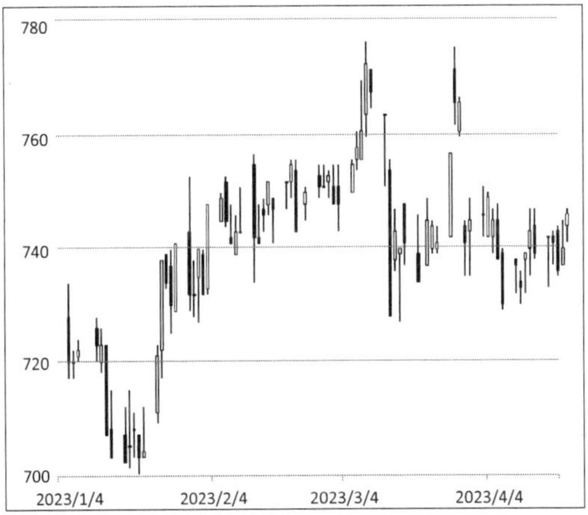

梱包輸送の一貫サービスに定評がある。梱包事業を軸に、運輸、倉庫も手掛けることで、顧客の物流を一貫して請け負う体制を構築している。特に医療機器や精密機械に強く、日本、アメリカ、中国の３拠点を軸に国際物流を拡充中。半導体と工作機械の梱包輸送が堅調であり、燃料費の上昇をこなして高水準の利益を確保している。

9843　ニトリホールディングス

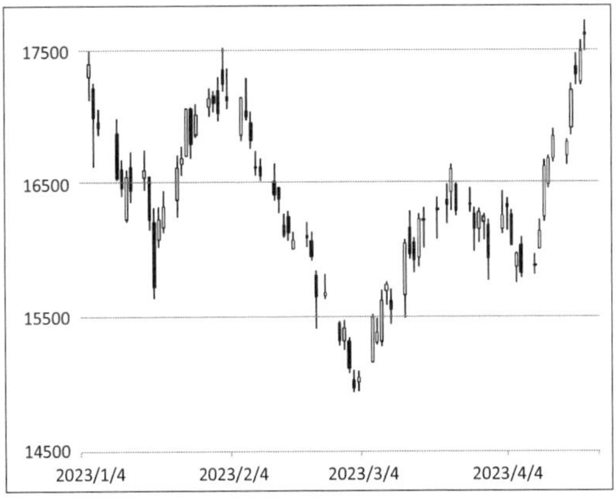

国内首位の家具・インテリア製造小売チェーン。「ニトリ」と「島忠」を展開しているが利益の源泉はニトリ。国内だけでなく中国と台湾でも積極的に店舗数を増やしている。開発輸入品商材が多数を占めるため、2023年３月期は、円安に伴う採算悪化に見舞われた。足元では円安が一服していることから業績の改善が見込まれる。

9880　イノテック

半導体の設計ソフトと半導体検査装置を手掛ける専門商社。検査装置は自社開発品であり、採算性も高い。また、専用のLSI や車載シムテムもグループ会社で開発するなど、技術レベルの高さに定評がある。経済正常化により台湾及び中国の回復が進む見通し。

第3章

軍需関連
19 銘柄

２０２２年２月24日に、ロシアの「特別軍事作戦」が発動され、ウクライナ戦争が勃発した。アメリカは、２０１４年の「マイダン騒動」でそれまでのウクライナの親《しん》ロシア政権を転覆させた。それまでもロシア敵視策を長い間続けており、またＮＡＴＯもロシアとの約束を反故《ほご》にして、東方拡大を続けている。このことがウクライナ戦争の原因だ。

ウクライナ戦争が始まると、アメリカは待ち受けていたかのように、即座にロシアに経済制裁を発動した。序章で述べたとおり、ロシア中央銀行の外貨準備の半分を凍結・没収し、国際決済のネットワークであるＳＷＩＦＴからもロシアを締め出した。アメリカは既存の世界経済システムからロシアを排除すればルーブルは紙切れと化し、ロシア経済は破綻すると見ていた。

それに対してロシアは、「ルーブル、天然ガス、金《きん》」の３つを連結させることでルーブルを防衛し、現物に裏付けられた独自の経済圏を構築すべく、中国その他の国々と連携を深めている。

ウクライナ戦争で勝ち切れないアメリカは、今度はアジアで中国を敵視し始めている。この流れにアメリカの属国である日本も大きく巻き込まれている。

２０２２年12月７日に、中国は「ゼロコロナ政策」を解除した。習近平はこれと同じ日にサウジアラビアを訪問して、人民元建てでの原油取引をムハンマド王太子（実質、大統領）にオファーした。「原油取引はドル建てしか認めない」というこれまでの「ペトロダラー体制」への挑戦だ。中国はアメリカからの敵視政策に対して、否応なしに対応せざるを得ないので、防御態勢を築き始めている。中国はあくまでも受け身だ。中国からアメリカに喧嘩を売ることはしない。それでも米中の激突の可能性は高まっている。

ウクライナ戦争はアジアに飛び火しつつある。このままでは第３次世界大戦へとエスカレートしそうだ。日本では岸田政権が軍拡を推進することを決定した。令和５（２０２３）年度の軍事予算は戦後最大となった。日本は平和な中立国であるべきだ。だが防衛予算が上乗せされたことは事実である。

このことは冷酷な見方をすれば、防衛関連企業にとって追い風だ。**「国策に売りなし」**である。この第３章では、軍需関連で重要な19銘柄を紹介する。

軍需関連19銘柄（2023年4月24日）

株式コード	銘柄名	株価（円）	時価総額（百万円）	取引所	PER（倍）	PBR（倍）	配当利回り
4274	細谷火工	1,446	5,830	スタンダード	50.33x	2.03x	0.48%
5021	コスモエネルギーホールディングス	4,350	384,339	プライム	5.29x	0.73x	3.45%
5631	日本製鋼所	2,465	183,366	プライム	15.11x	1.21x	2.35%
6203	豊和工業	874	10,967	プライム	30.07x	0.61x	2.29%
6208	石川製作所	1,458	9,311	スタンダード	92.98x	2.17x	0.00%
6301	小松製作所	3,273	3,186,105	プライム	10.38x	1.29x	3.91%
6367	ダイキン工業	23,525	6,895,506	プライム	29.30x	3.19x	0.94%
6503	三菱電機	1,630	3,498,865	プライム	16.01x	1.12x	2.45%
6674	ジーエス・ユアサコーポレーション	2,270	182,961	プライム	15.22x	0.81x	2.20%
6701	日本電気	5,100	1,391,534	プライム	11.96x	0.89x	2.16%
6702	富士通	18,160	3,759,153	プライム	13.90x	2.23x	1.32%
6946	日本アビオニクス	4,125	13,164	スタンダード	6.92x	1.12x	0.73%
7011	三菱重工業	5,164	1,742,152	プライム	14.45x	1.06x	2.32%
7270	SUBARU	2,115	1,626,807	プライム	7.72x	0.80x	3.59%
7721	東京計器	1,218	20,799	プライム	34.47x	0.62x	2.46%
7963	興研	1,642	8,381	スタンダード	15.60x	0.69x	1.52%
7980	重松製作所	836	6,019	スタンダード	8.26x	0.86x	1.79%
7983	ミロク	1,518	4,562	スタンダード	7.22x	0.30x	2.96%
8053	住友商事	2,442	3,055,713	プライム	5.55x	0.83x	4.71%

4274 細谷火工

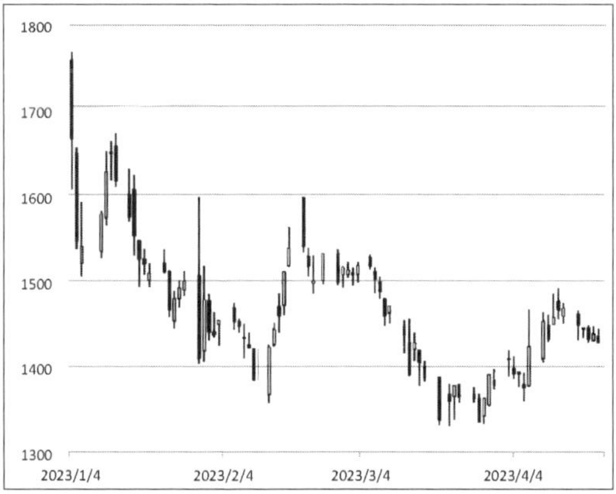

化学メーカー。戦時中は陸軍の火工品を製造。火薬技術を活かし、自衛隊向けの照明弾、発煙筒等の開発・生産を行うほか、エアバッグ用など民間分野にも展開。航空自衛隊ではジェット戦闘機パイロット用の自動膨張救命胴衣（膨張装置）や各種救難信号筒、海上自衛隊では救難信号発煙筒及び投下用カートリッジ、陸上自衛隊では戦闘訓練用化学火工品（発煙筒・発音筒）等を手掛ける。

5021 コスモエネルギーホールディングス

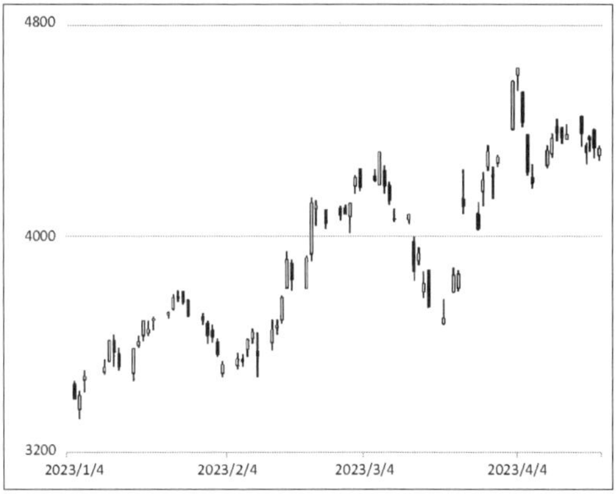

石油元売り大手のコスモ石油を傘下に置く持ち株会社。アブダビ石油系が筆頭株主。艦船用軽油や航空タービン燃料を供給。地震や津波等大規模災害に備えた合同訓練を自衛隊、地方自治体と共同で行う。シリア情勢など国際情勢の緊迫化で原油価格の上昇傾向が続き業績拡大。今年度から風力発電や自動車リース等新事業に重点投資。

5631　日本製鋼所

三井グループ。発電インフラや鋼板、鍛造品、鋳造品、風力発電機等の素形材・エネルギー事業や産業機械を幅広く手掛ける。電力・原子力向け大型鋳鍛鋼で世界有数の企業。プラスチック射出成形機、鉄道車両向け製品等の産業機械を収益の柱に成長。軍需関連では、戦車や軍艦艦艇の大砲、ミサイル発射装置等を製造するほか、防衛関連機器の設計、製造、メンテナンスを行う。

6203　豊和工業

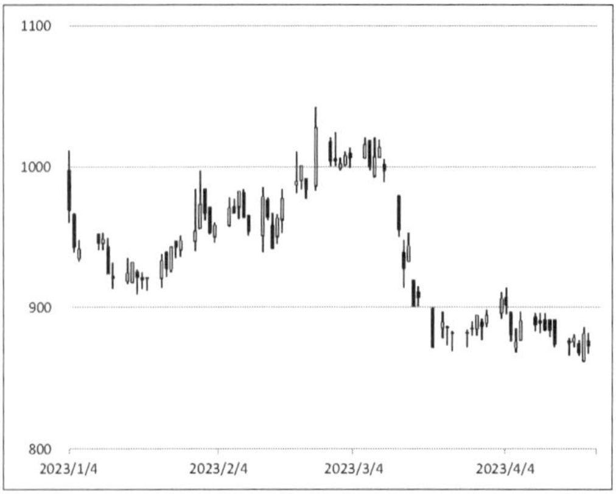

産業用機械の老舗。工作機械、空・油圧機器、電子機械など主力の工作機械関連のほか、火器、建材及び清掃車両の製造、販売が主たる事業。道路清掃車両で首位。軍需関連では、国内唯一の小銃メーカー。自衛隊向けの小銃、迫撃砲、閃光発音筒、発煙弾、手榴弾等を開発し、防衛省に納入。銃器製造技術を活かして猟用ライフル銃を開発、米国はじめ世界の猟銃市場へ出荷している。

6208　石川製作所

繊維機械から出発し、防衛機器、段ボール製函印刷機へと展開。防衛機器の売り上げ構成は2017年3月期で52%と過半に拡大。戦時中に海軍水中兵器を製造していた経験を活かし、海上自衛隊向けに艦船が接近または接触したとき爆発する機雷を生産している。2017年8月に、航空自衛隊など航空機向けの電子機器を製造する関東航空計器を買収。航空機分野を取り込み、防衛機器の拡充と収益基盤の安定化を目指している。

6301　小松製作所

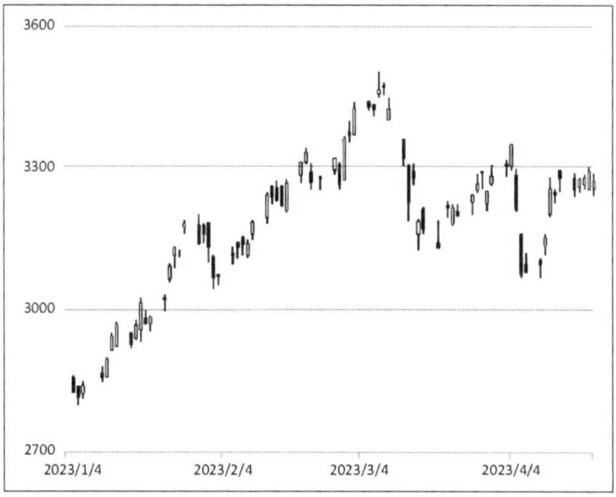

建設機械で米キャタピラーに次いで世界第2位。IT活用に強み。主力の建機部門が収益の9割超を占める。ワイヤーソーや自動車向け工作機械以外にも、防衛省向けに偵察車や対戦車りゅう弾等を納入。ただし装甲車からは撤退した。

6367 ダイキン工業

ポイント

・隠れた軍需関連銘柄。
・エアコン世界首位メーカー。

エアコンで世界首位。国内は業務用で断トツ。フッ素化学でも世界屈指のシェア。1924 年の創業（大阪金属工業所）時から、航空機のラジエーターチューブや信管・薬莢を製造。砲弾連射の熱が凄いので換気装置を作るよう海軍から依頼があり、その技術が今のエアコンに活きている。今も航空機に搭載する消火器や自衛隊向けの特殊戦車砲弾を製造。

6503　三菱電機

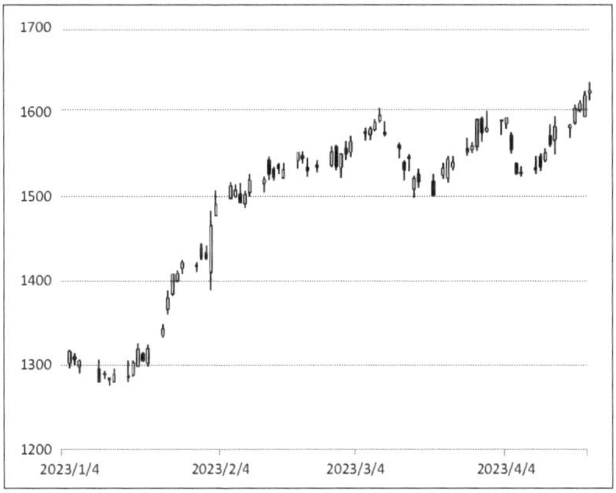

総合電機大手。過去、不正会計に続き、米国原発事業の巨額損失で経営危機に陥ったこともある。ただし安全保障上の理由から、探知レーダー、誘導システムなど防衛分野の半導体事業は継続方針。陸上自衛隊向け短距離地対空誘導弾、海上自衛隊向け捜索用レーダー、海上自衛隊向け慣性航法装置等多数。

6674　ジーエス・ユアサコーポレーション

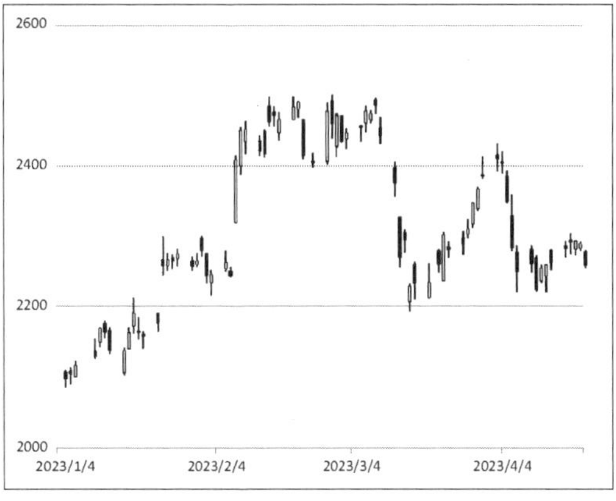

車載用鉛電池、産業用電池電源が主力。潜水艦用主蓄電池、深海救難艇用蓄電池、PTC（人員移送カプセル）用応急電池、据置鉛蓄電池等。海上自衛隊向け潜水艦搭載リチウムイオン電池の専用工場を建設、2017年から量産開始。長期間の潜航が可能になる。

6701 日本電気

通信インフラ設備で国内首位。IT サービスを強化。顔認証技術の国内外での展開を進める。航空宇宙・防衛事業等パブリックビジネスが主力ソナー及びソナーシステム、広帯域多目的無線機、通信回線統制システム等。このほか、指揮統制システム、後方支援システム、レーダー情報処理システム、誘導制御・計測システムを製造。

6702 富士通

IT サービス、サーバーで国内首位。防衛情報通信基盤、通信電子機器、事務共通システム用器材、電子戦評価技術の研究試作等。富士通特機システム、富士通ディフェンスシステムエンジニアリングなど子会社を含めたグループで、防衛装備品システムを構成する無線・通信機器、赤外線・電波応用機器など多くの電子機器の開発・メンテナンスを行う。

6946　日本アビオニクス

NECの連結子会社。防衛用表示機器、音響機器など防衛関連向け製品が多くを占める。防衛省から受注したバッジシステム（自動警戒管制システム）で、日本初の大規模オンライン・リアルタイム・全国ネットワークシステムを実現した実績を持つ。この航空自衛隊用の防空指揮管制システムは、レーダーを使って航空機やミサイルを追尾したり、指揮命令を出すことができる。宇宙開発関連、火山噴火関連でもある。

7011　三菱重工業

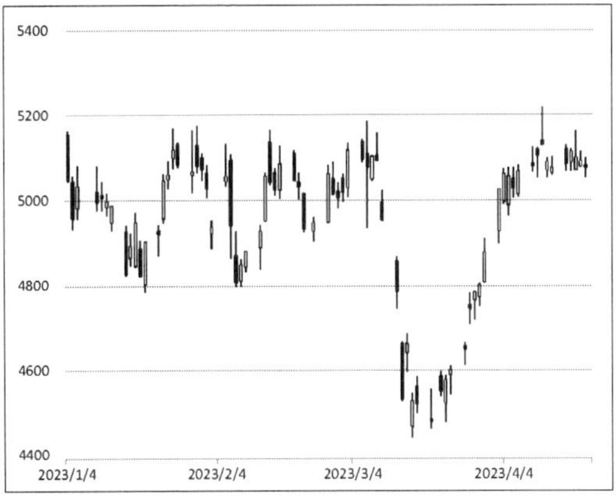

総合重機トップ。事業分野・主力製品は、船舶、エネルギー関連機器（発電所用の大型ガスタービン等）、産業機械、航空宇宙・防衛（航空機、ロケットエンジン等）、産業機械など。戦時中はゼロ戦の設計・機体を製造。今も防衛庁向けに、戦闘機、ヘリコプター、イージス艦等の護衛艦、戦車等を製造。機動戦闘車、戦車、地対艦・地対空誘導弾、ヘリコプター等を納入。

7270 SUBARU

トヨタが筆頭株主の自動車メーカー。４駆車や安全技術に強み。旧社名は富士重工業。第２次世界大戦終戦までの社名は中島飛行機で、一式戦闘機「隼」を開発・製造。航空機製造技術を活かし、無人偵察機システムや海上自衛隊・航空自衛隊の初等練習機、救難捜索機など多くの機体を防衛省に納入。

7721　東京計器

ポイント

・ジャイロコンパスの開発製造会社。
・レーダー警戒装置を始めとする各種技術も優れる。

航海・航空計器大手。防衛関連機器以外にも、船舶港湾機器、油空圧機器等を手掛ける。船舶搭載用の方位計ジャイロコンパスの開発製造から出発し、航空機や車両の慣性センサや姿勢・航法装置等へ展開。防衛関連製品では、危険な周波数を瞬時に捉えてパイロットに警報を通知するレーダー警戒装置や、海中を航行する潜水艦を安全かつ確実に先導する慣性航法装置、主力戦闘機F-15J搭載機器等を製造。

7963 興研

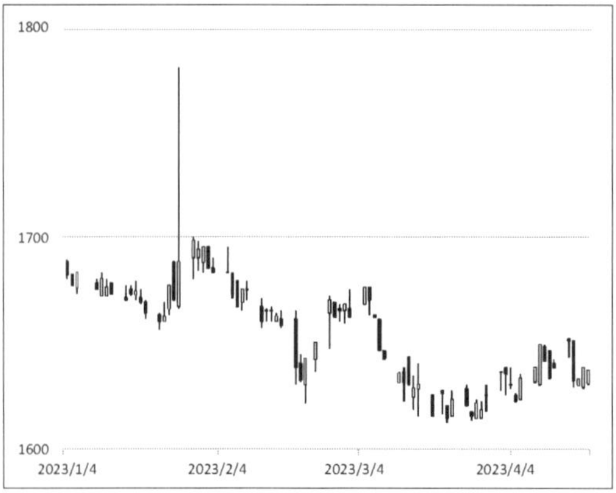

防塵・防毒マスク2大メーカーの1つ。防塵マスク分野でシェアが大きい。防塵マスク以外にも、防毒マスクや関連製品、環境改善工事・機器も手掛ける。日本人の顔の作りにあわせた高い防塵・防毒の性能が評価され、防衛省向けに防護マスクを独占供給している。全自動内視鏡洗浄消毒装置やオープンクリーンシステム等の製造販売など医療・精密機器分野へ多角化を進める。災害・テロ関連でもある。

7980 重松製作所

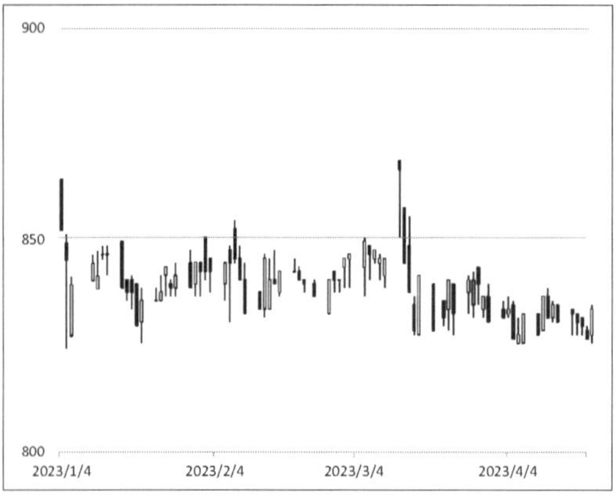

産業用の防毒マスクや保護メガネの製造を行い、官公庁も納入先。産業用防毒マスクのシェアが高い。米国3Mと提携し、防毒マスクをOEM供給。防毒マスクの他に、保護眼鏡や防護服も生産。配管工事や防護具の点検整備、防災関連教育などの付随事業も手掛ける。軍事向けというよりは災害時向けというものが多いが、有事の際に物色される傾向にある。

7983　ミロク

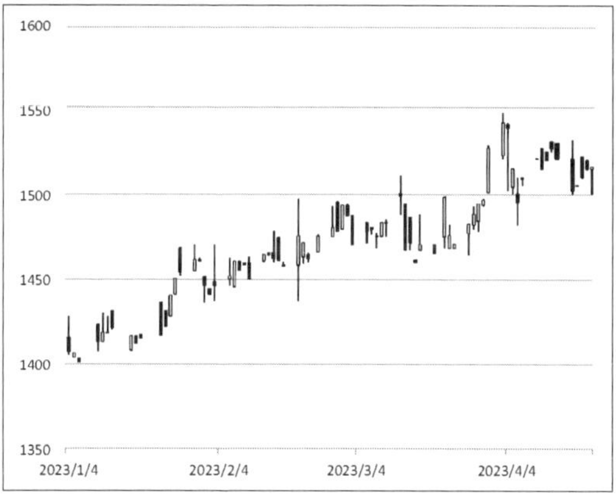

1893年創業の猟銃メーカー。国内トップ企業。米ブローニング社にもOEM供給している。主力の上下二連銃は猟銃の世界最大市場である北米において大きなシェアを維持している。猟銃以外にも工作機械事業と自動車関連事業を展開している。工作機械事業は子会社のミロク機械が営んでおり、国内唯一のガンドリルマシン専業メーカーとして深穴加工サービスも手掛ける。自動車関連事業は猟銃製造で培った木工技術をベースに、純木製ステアリングハンドル等を開発・製造している。

8053　住友商事

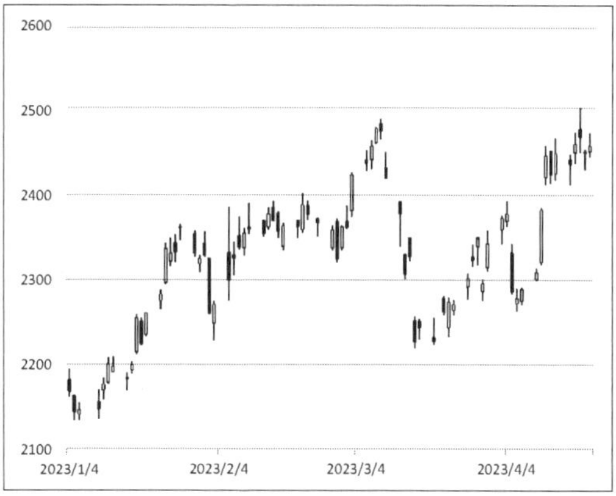

油井《ゆせい》管など鋼管に強い住友系の総合商社。情報収集システム、シミュレータ・アップグレードキット等。このほか、住友グループの航空・宇宙・防衛分野の専門商社である子会社・住商エアロシステムも防衛関連を手掛ける。水陸両用車（人員輸送型、指揮通信型および回収型）等。

第4章

産業廃棄物、都市鉱山、鉱物資源37銘柄

この第4章に載せるのは、産業廃棄物処理業者と都市鉱山と、鉱物資源の代表的な会社だ。日本と欧米では現在、ゴミや汚物をいかに処分するかが大問題となっている（核汚染物質を含む）。また、ゴミや汚物から取り出されるいわゆる都市鉱山（city《シティ》 mining《マイニング》）が注目されている。都市鉱山とは、廃棄されたＩＴ機器の電子部品などから取り出されるレアメタル、レアアースのことである。

中国が外国からの産業廃棄物の受け入れを停止した（２０１７年7月）。以来、外国は廃プラスチックや古紙を中国に輸出できなくなった。現在では自動車のスクラップや廃金属も受け入れが禁止されている。中国は自国内のゴミ処理で手一杯だ。外国のゴミまで処理しきれない。中国は先進国入りした、と言える。

これで、これまで日本から中国に輸出していた重《じゅう》金属を含む電子部品のスクラップや、化学系の有害物質を含む廃棄物を、国内で処理するようになった。このことが国内の産業廃棄物業者やリサイクル業者のビジネス拡大につながっている。

経済がピークアウトして少子高齢化が進んでいる日本でも、ゴミはなくなりません。ゴミがなくならない以上、産業廃棄物処理業者も都市鉱山もなくなりません。

足元では国内の金小売価格が史上最高値を更新している。ウクライナ戦争にアメリカが勝ち切れなかったことで、余りにも米国債を刷り散らし過ぎたツケが出て、ドルを回避する動きが世界中で顕在化している。

西側諸国はロシア制裁と称してエネルギーと食糧を絞り込んだ。この結果、これらの価格が高騰しており、鉱物資源も上昇している。

中国の輸出規制の厳格化と実物経済の復活、エネルギー価格や食糧価格の高騰により、金《きん》を始めとする実物資産が注目を浴びるようになった。この流れは資源のない日本にも波及している。レアメタルとレアアースといった希少《きしょう》な鉱物資源を扱う企業や、リサイクルのノウハウを持った企業の業績の追い風となっている。

そこでこの第４章では、産業廃棄物や都市鉱山、鉱物資源に関連する37銘柄を紹介する。

産業廃棄物、都市鉱山、鉱物資源37銘柄（2023年4月24日）

株式コード	銘柄名	株価（円）	時価総額（百万円）	取引所	PER（倍）	PBR（倍）	配当利回り
1433	ベステラ	895	8,046	プライム	19.83x	1.81x	2.23%
1712	ダイセキ環境ソリューション	915	15,397	プライム	17.27x	1.03x	1.09%
1963	日揮ホールディングス	1,685	437,106	プライム	14.19x	1.03x	2.14%
2195	アミタホールディングス	898	15,766	グロース	25.39x	7.87x	0.45%
2768	双日	2,871	674,685	プライム	6.02x	0.78x	4.53%
3035	ケイティケイ	457	2,616	スタンダード	7.60x	0.66x	3.28%
3036	アルコニックス	1,386	42,983	プライム	6.14x	0.66x	3.75%
3168	黒谷	601	8,617	スタンダード	40.97x	0.95x	3.33%
3184	ICDAホールディングス	2,740	5,754	スタンダード	7.40x	0.70x	1.82%
3556	リネットジャパングループ	503	6,319	グロース	16.27x	2.92x	0.00%
4046	大阪ソーダ	4,795	128,180	プライム	9.55x	1.22x	1.88%
4366	ダイトーケミックス	632	7,078	スタンダード	6.78x	0.45x	1.90%
4403	日油	6,200	513,617	プライム	15.63x	2.17x	1.68%
5698	エンビプロ・ホールディングス	603	18,152	プライム	12.79x	1.11x	2.32%
5699	イボキン	1,290	4,421	スタンダード	12.28x	1.13x	1.74%
5706	三井金属鉱業	3,230	185,173	プライム	14.19x	0.70x	4.33%
5711	三菱マテリアル	2,218	291,644	プライム	48.30x	0.50x	2.25%
5713	住友金属鉱山	5,121	1,489,259	プライム	8.91x	0.84x	3.94%
5714	DOWAホールディングス	4,360	270,273	プライム	7.41x	0.74x	2.41%

株式コード	銘柄名	株価（円）	時価総額（百万円）	取引所	PER（倍）	PBR（倍）	配当利回り
5724	アサカ理研	1,450	7,460	スタンダード	26.52x	1.79x	0.55%
5857	アサヒホールディングス	2,016	160,693	プライム	10.00x	1.46x	4.46%
6013	タクマ	1,322	109,726	プライム	10.91x	1.09x	3.25%
6269	三井海洋開発	1,404	79,197	プライム	13.25x	0.74x	n/a
6297	鉱研工業	450	4,037	スタンダード	18.97x	0.83x	1.78%
6330	東洋エンジニアリング	564	21,747	プライム	22.03x	0.65x	0.00%
6366	千代田化工建設	400	104,130	スタンダード	8.03x	n/a	n/a
6564	ミダックホールディングス	1,911	53,075	プライム	30.11x	5.06x	0.18%
6998	日本タングステン	2,646	6,821	スタンダード	8.62x	0.56x	4.54%
7226	極東開発工業	1,685	67,653	プライム	18.17x	0.60x	3.20%
7375	リファインバースグループ	1,942	6,483	グロース	19.27x	10.41x	0.00%
7456	松田産業	2,244	60,383	プライム	6.29x	0.70x	2.23%
7746	岡本硝子	136	3,170	スタンダード	31.63x	2.20x	0.00%
7947	エフピコ	3,325	281,190	プライム	24.23x	1.98x	1.41%
8001	伊藤忠商事	4,466	7,078,117	プライム	8.18x	1.38x	3.13%
8002	丸紅	1,935	3,286,395	プライム	6.27x	1.28x	4.03%
8058	三菱商事	4,972	7,250,679	プライム	6.30x	0.91x	3.62%
9793	ダイセキ	3,695	188,445	プライム	21.72x	2.39x	1.62%

1433 ベステラ

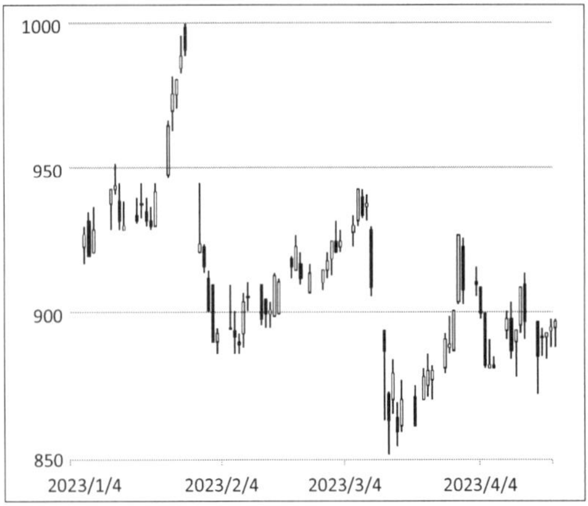

プラント解体業者。製鉄、電力、ガス、石油などのプラントを解体するには高い安全性と技術力が求められる。この会社はボイラーや煙突、石油の貯蔵タンクなど大型建造物を解体するための特許工法を複数取得している。解体工事のノウハウを蓄積していることが強み。2023年1月期は原価高と大型工事の遅延で赤字に陥ったが、年間の受注高は過去最高を記録、期末受注残高は倍増した。

1712 ダイセキ環境ソリューション

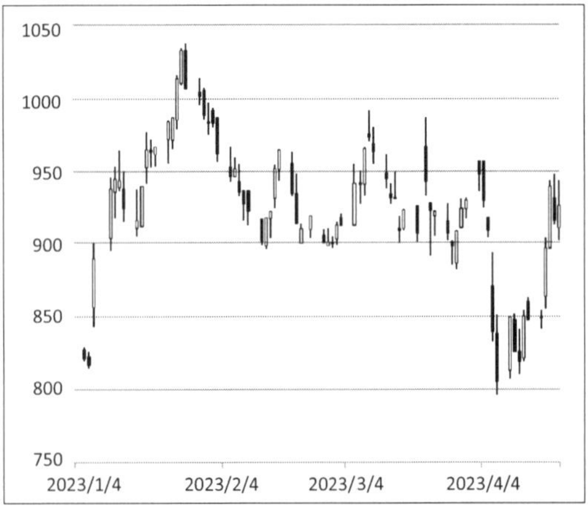

ダイセキグループの土壌汚染調査・処理会社。1996年に創業、2000年に土壌汚染調査・処理事業に進出した。土壌汚染の調査計画を立案するコンサルティング業務から、現地調査、サンプリングした土壌の分析、処理まで、全工程を自社で対応できることが強み。環境規制の厳格化がこの会社にとって追い風となっている。

1963　日揮ホールディングス

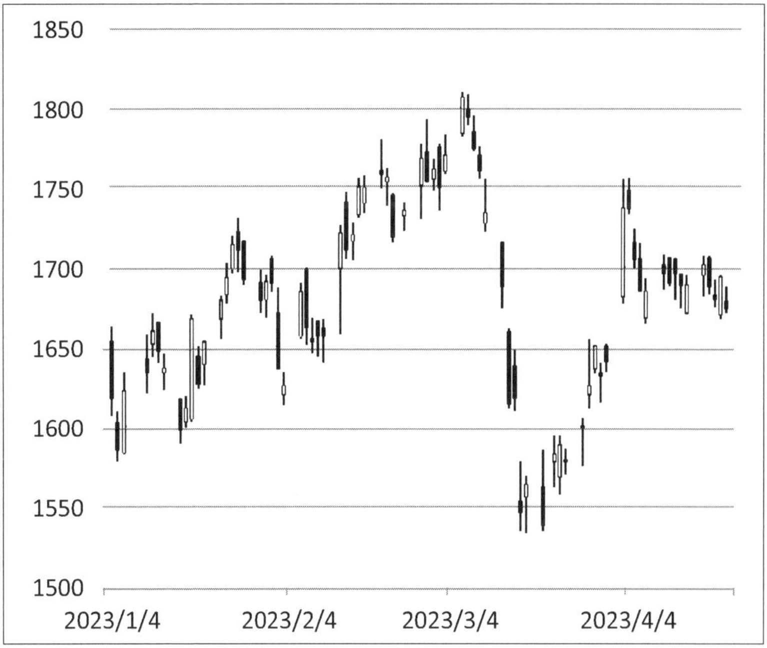

ポイント

・エンジニアリング国内首位。オイル & ガスを中心に多数の実績がある。
・LNG 需要の増大を受けて海外案件が着実増。
・脱炭素分野にも意欲。

国内最大手のエンジニアリング会社。オイル & ガスを中心にインフラ分野も含め、プラントや施設の設計、調達、建設を手掛けている。1928 年の設立以来、世界 80 カ国超で 2 万件以上のプロジェクトを遂行してきた。インフラ分野ではエネルギー（発電プラントなど）、産業（非鉄金属など）、社会（医薬品工場、病院など）、の各分野で実績がある。カナダやマレーシアの LNG 案件が順調である。国内では水素・アンモニアの製造実証試験の設備建設を受注しており脱炭素分野にも進出している。

2195 アミタホールディングス

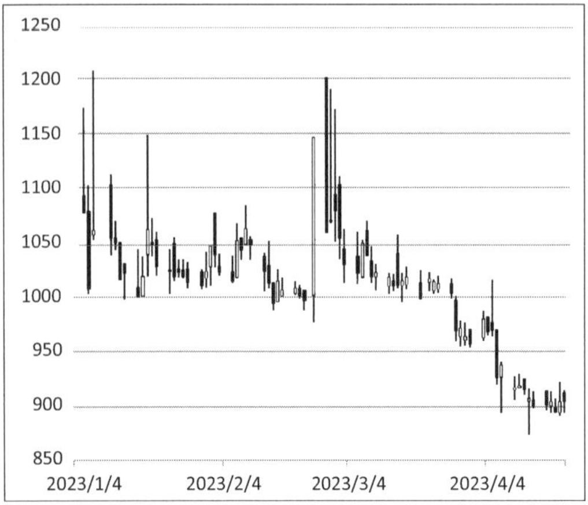

廃棄物を再資源化する大手。汚泥や廃油、金属くずなどのリサイクル事業を展開。産業廃棄物の成分や形状によって、利用先での受け入れが困難な場合には、自社施設で中間処理を行い、セメント原料等に再利用する。マレーシアにも工場がある。再利用されずに廃棄されている廃油や廃溶剤などに含まれるカロリーを活かしてリサイクルした代替燃料「スラミックス」で特許を取得している。

2768 双日

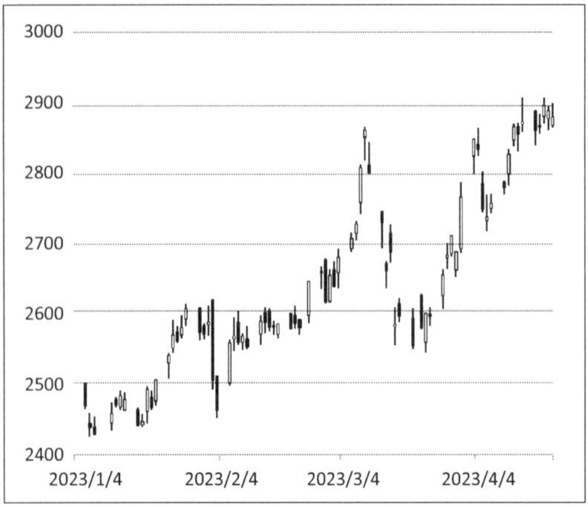

旧ニチメンと旧日商岩井の合併で2004年に誕生した総合商社。金属・資源事業では、石炭、鉄鉱石、ベースメタル、レアメタル、産業用鉱物などの金属資源や鉄鋼分野において、上流権益への投資（資源の採掘での段階で投資をすること）に注力している。インドの高速鉄道車両基地建設を受注。インドネシアのLNGプロジェクトにも参画しており、資源に強い商社として地歩を固めている。

3035 ケイティケイ

　トナーカートリッジの再生販売が主力のオフィス関連商品会社。再生加工した「リパックトナー」や、インクリボン「リパックリボン」などのリサイクル商品を販売する。そのほか、トナーや用紙、ビジネスフォームなどのOA機器の消耗品、オフィス関連商品を手掛ける。仕入れ原価が高騰するなか、価格改定で採算性を確保している。経済正常化によるオフィス需要の底打ちが追い風。

3036 アルコニックス

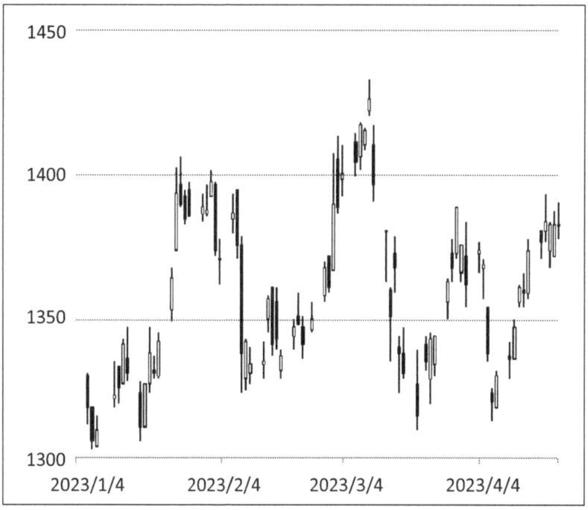

　非鉄金属の専門商社。積極的なM&Aによりメーカー機能も獲得。アルミニウム、銅、レアメタルなどを取り扱う商社事業と、金属加工などの製造事業を展開している。商社事業のうち電子機能材事業では、電子部品、化合物半導体、結晶材料や、これらの生産に不可欠なレアメタルを取り扱っている。国内では特に製造業の事業継承が問題になっており、商社として多数の製造業との取引実績がある当社に引き合いが来ている

3168　黒谷

非鉄金属のインゴット（製錬したかたまり）の製造販売と、スクラップの加工販売が事業の二本柱。インゴットは国内外から集荷した銅スクラップや銅合金スクラップを原料として、得意先のニーズ、用途に合わせた製品を生産する。スクラップは回収業者やメーカーから仕入れ、製品化して電線メーカーや銅精錬メーカーなどに販売している。自社で加工して付加価値を高めることに注力している。

3184　ICDA ホールディングス

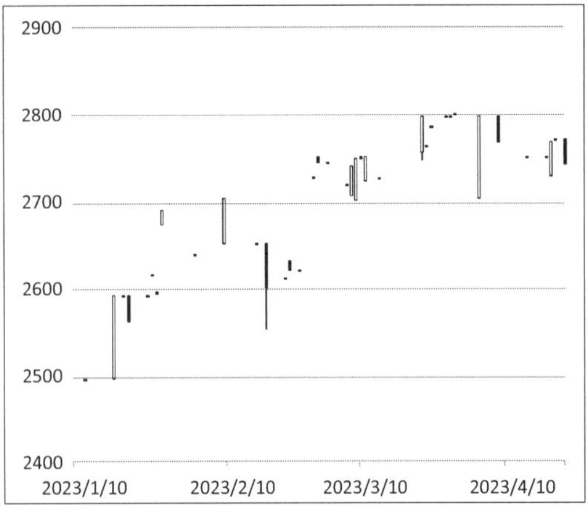

ホンダ系のディーラー。新車販売だけでなく、中古車販売・買い取りの店舗や自動車リサイクル事業なども手掛ける。自動車リサイクルでは手作業で解体を行い、リユースパーツを生産して国内外に販売している。物流の逼迫《ひっぱく》から輸入車の調達が滞っていたが解消に向かっており、2023 年 3 月期は過去最高益を更新した。

3556　リネットジャパングループ

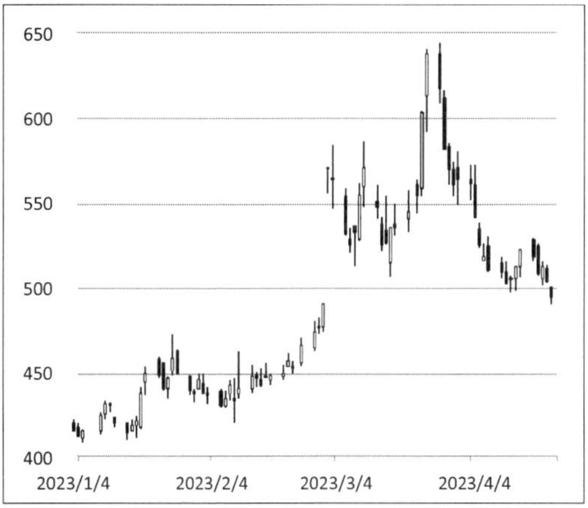

インターネットに特化し「NETOFF」ブランドで展開するネットリユース事業と、宅配便による使用済み小型家電の回収を「ReNet」ブランドで展開するネットリサイクル事業を展開している。自治体と連携したパソコン無料回収で有名。2023年4月にペット共生型グループホームを展開するアニスピホールディングスを買収した。パソコン回収とのシナジー効果を狙う。

4046　大阪ソーダ

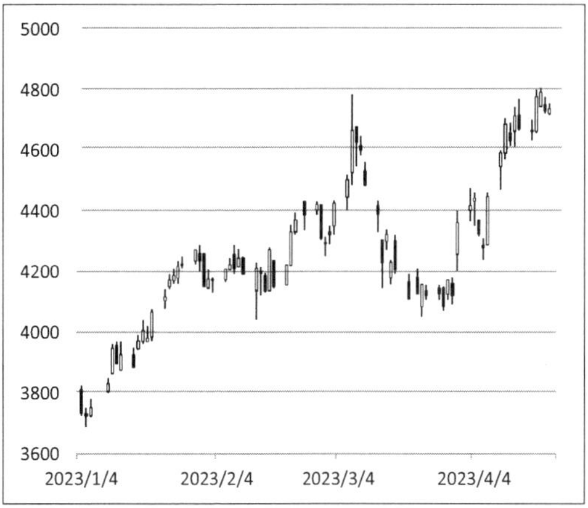

基礎化学品を中心に、ニッチな分野で世界トップクラスのシェアを持つ機能性化学品を製造・販売するメーカー。特に医薬品精製材料は高いシェアを誇る。孫会社が資源リサイクル事業として、蛍光管、水銀ランプ、放電管、液晶用バックライトなどに含まれる水銀を除去・回収し、ガラス、金属類、プラスチック類などとともに再資源化を行っている。

4366　ダイトーケミックス

受託製造を主とする化学品メーカー。液晶向けの感光性材料と写真材料などの化成品が主力製品。顧客と秘密保持契約を結び、実験段階から関与して、商業生産可能な製法を確立する段階まで担当する。子会社が汚泥や廃アルカリなどの産業廃棄物処理を行っており、焼却処分した汚泥はセメントの原料にリサイクル生産している。

4403　日油

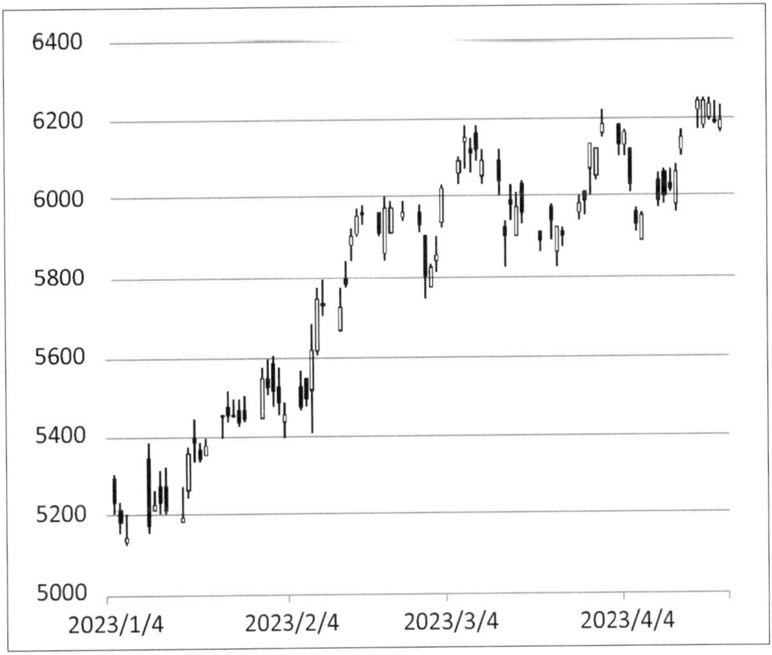

ポイント

- 機能性化学品メーカーであり、食用加工油脂など油脂化学のパイオニア。
- 子会社が海洋踏査機器の開発に取り組んでおり、実績が積み上がっている。
- ライフサイエンス事業の薬物送達システム（DDS）が好調。

機能化学品をコア事業として、ライフサイエンスや化薬などの事業を展開している。食用加工油脂を始めとする油脂化学のパイオニア。ライフサイエンス事業では薬物送達システム（DDS）が好調。化薬事業では宇宙関連製品や防衛関連製品を製造・販売している。子会社の日油技研工業が海洋調査機器の開発に取り組んでいる。海底鉱床の資源量を把握するために必要な柱状資料の採取装置、海底での機材敷設や回収のための超音波切離装置など、最先端の機器を開発した実績がある。2023年3月期はDDSが需要増と円安効果で大幅に伸び過去最高益を更新した。

5698 エンビプロ・ホールディングス

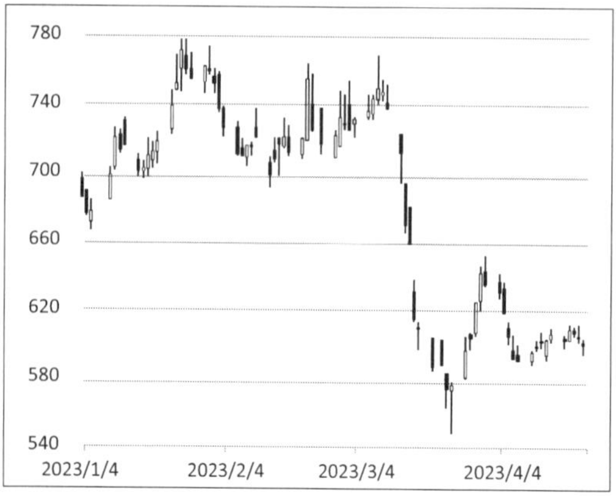

資源リサイクルの純粋持ち株会社。廃棄物を収集・運搬し、グループの中間処理工場で処理して、鉄スクラップ、非鉄、プラスチックなどのリサイクル資源を生産・販売する。韓国などアジアでの売上比率が高い。太陽光やバイオマスなど再生可能エネルギー事業も展開している。ゴム製品、樹脂製品の製造・販売を行う日東化工を TOB で取得。ゴム製品販売やリサイクル事業での連携を目指す。

5699 イボキン

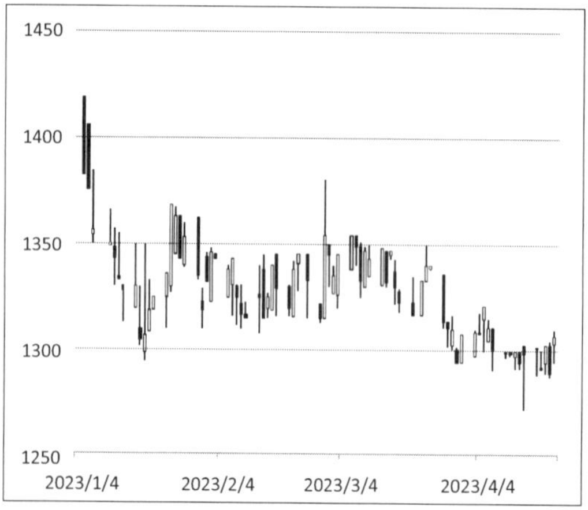

解体から廃棄物処理、金属加工まで展開する総合リサイクル企業。ワンストップサービス（1カ所で複数の作業をすること）が強みで、解体事業は建物を単に解体する工事だけでなく、発生するガレキなどの産業廃棄物を自社の中間処理工場に持ち帰って選別、加工し、建築資材として蘇らせる。金属類も同様で、金属加工工場に持ち帰り選別、加工し、金属資源として再生させている。

5706　三井金属鉱業

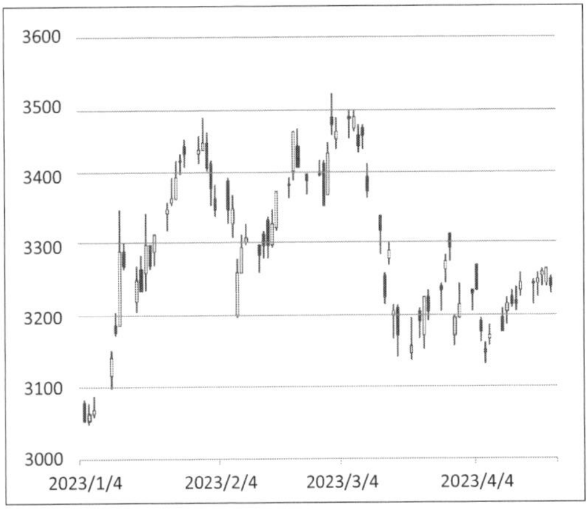

非鉄金属製錬、機能材料の大手メーカー。亜鉛を中心とした非鉄金属の製錬を行う金属事業、自動車排ガス用触媒、電解銅箔（薄い銅のシート）などを生産する機能材料事業、ドアロックを中心にしたモビリティ事業を展開している。電解銅箔は世界トップクラス。全個体電池向け固体電解質を、電池メーカーや自動車メーカーにサンプル供給中。

5711　三菱マテリアル

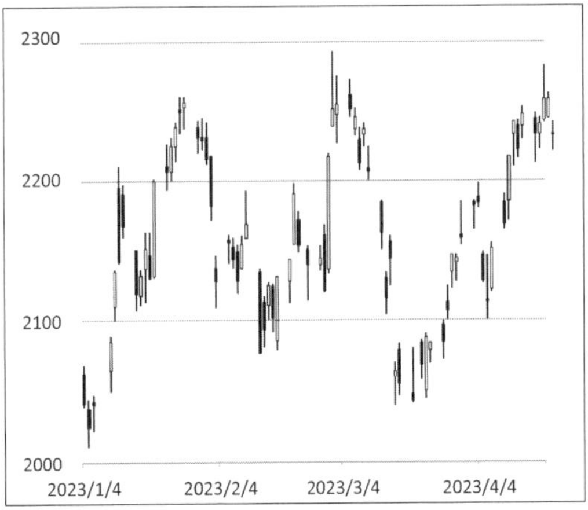

非鉄製錬業界のトップ企業。銅、亜鉛、鉛、金、銀などの非鉄金属を製造・製錬している。家電やパソコン、スマホなどの廃棄版はパラジウムなどの有価金属を高濃度に含んでいる（都市鉱山）。この会社の直島製錬所（香川県）は、これら都市鉱山のリサイクルを行っており、金の製錬では生産量日本一を誇る。

5713 住友金属鉱山

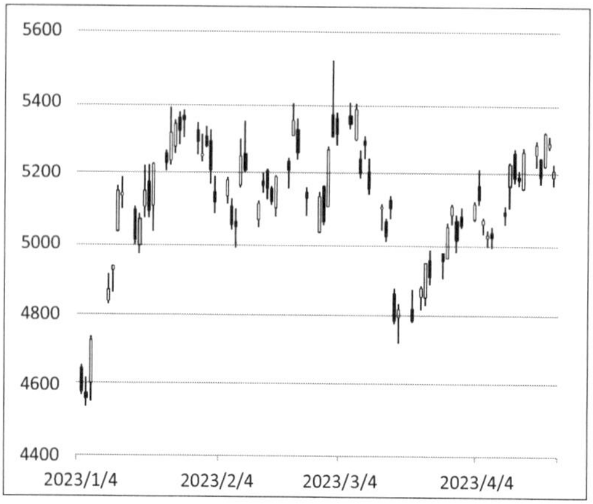

住友グループの源流である。銅、ニッケル、金、銀などの製錬を行う非鉄総合会社。電気製錬により高純度な電気ニッケルと電気コバルトを国内では唯一生産している。世界有数の金鉱山である菱刈鉱山を有し、海外でも金鉱山、銅鉱山を所有している。ニッケルで非鉄メジャー入りを目指している。

5714 DOWA ホールディングス

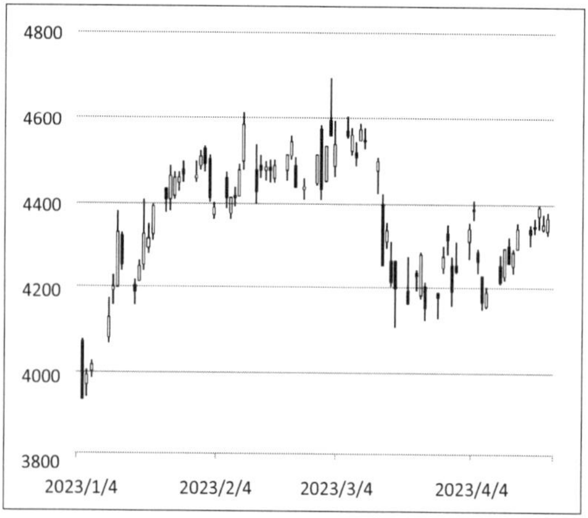

貴金属回収に強みを持つ大手非鉄メーカー。磁性材料、半導体材料、精密加工品の製造もしている。グループ会社の小坂製錬では、貴金属やレアメタルを高効率に回収できる技術を活用して、使用済み PC 基板や亜鉛製錬副産物を原料として受け入れ、貴金属やレアメタルを回収している。

5724　アサカ理研

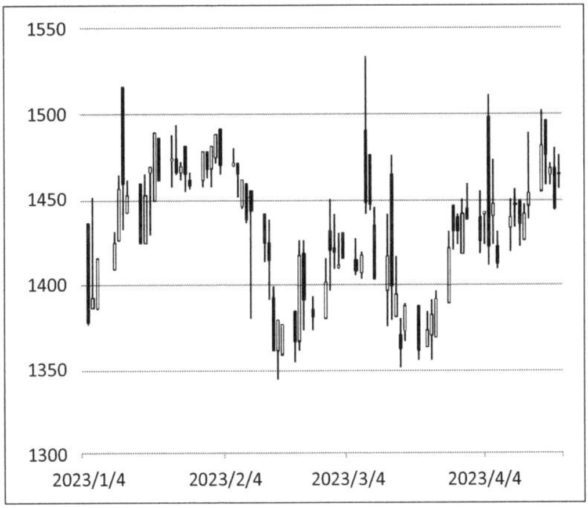

独自の技術による貴金属回収と精錬を主力とする会社。真空成膜装置に使用される内部部品の精密洗浄、廃液の再生処理も行う。1971 年に金の回収技術を開発し、プリント基板からの貴金属回収事業を開始した。電子部品メーカーや宝飾品メーカーなどから集荷した基板クズ、不良品、廃棄品から金、銀、白金、パラジウムなどの貴金属を分離・回収し、返却・販売する貴金属事業を展開する。

5857　アサヒホールディングス

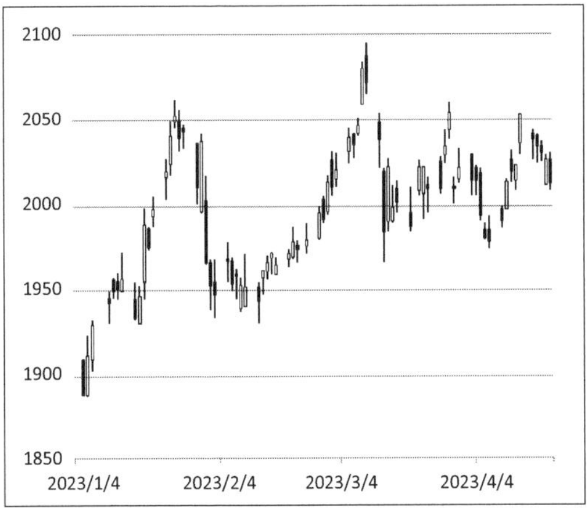

貴金属リサイクル事業のアサヒプリテックにより設立された持ち株会社。貴金属事業では、電子材料、歯科材料、宝飾、自動車触媒など多様な分野からスクラップを回収。このスクラップに含まれる貴金属や希少金属を分離・精錬し、地金製品として販売する。産業廃棄物の処分、リサイクルなど環境保全事業も展開している。

6013 タクマ

ポイント

・ボイラー技術を基盤に廃棄物処理プラントの実績が多数。
・バイオマス発電プラントに強い。
・東南アジア展開が進む。

廃棄物処理プラントの大手。1963 年に日本で初めて「全連続機械式ごみ焼却プラント」を完成した。以降、国内では最も多く一般廃棄物処理プラントを建設している。焼却技術を基盤に、廃プラスチック、廃液、感染性廃棄物などの産業廃棄物処理を行うプラントも建設している。バイオマス発電プラントにも強く、国内での実績が豊富。近年、東南アジアへの展開が進んでおり、新興国の経済成長を取り込もうとしている。2023 年から福岡県久留米市の宮ノ陣クリーンセンターにおいて、ごみ処理発電で得られた電力を活用する「地産地消」の発電を開始した。

6269　三井海洋開発

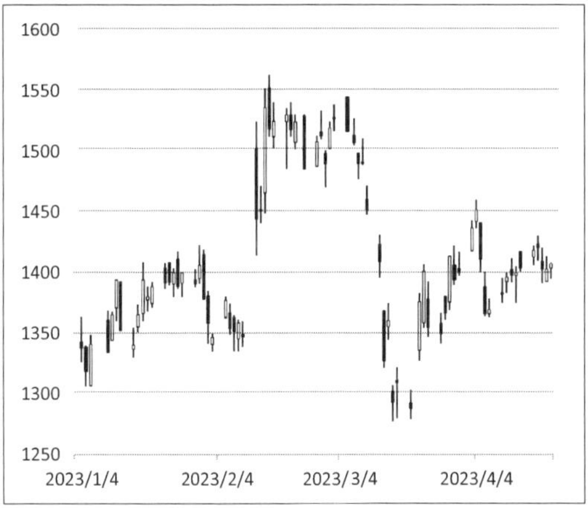

海洋油田などに用いられる浮体式海洋石油・ガス生産設備を建造する会社で、三井 E&S（旧三井造船）の子会社である。かつて産学連携の「レアアース泥《でい》開発推進コンソーシアム」に参画していた。また、「表層メタンハイドレート」開発の商業化に向けて、浮体式設備の設計技術その他を応用する研究・開発に取り組んでいる。

6297　鉱研工業

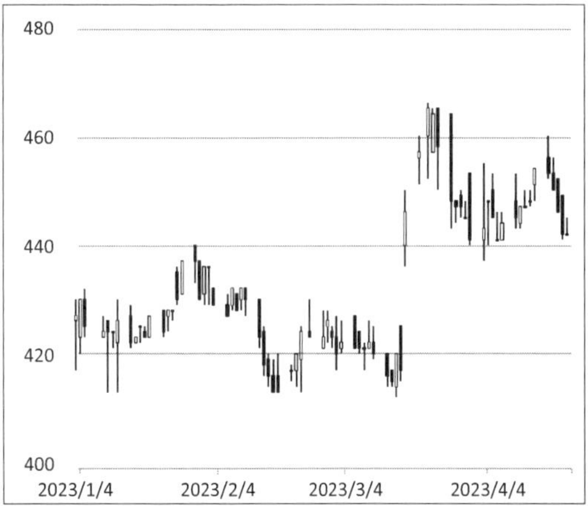

ボーリング機械と地盤改良機器のリーディングカンパニーで、国内有数のボーリング工事の施工会社でもある。掘削のための各種ドリル、岩盤掘削機、地盤改良機、土壌汚染対策機器などを開発、販売する。これらの製品を用いて温泉開発事業や地下水活用事業を行っている。また、土壌汚染問題を解決するための調査機器の開発や、汚染の調査工事・浄化対策にも取り組んでいる。

6330　東洋エンジニアリング

三井化学の工事部門が発祥のエンジニアリング会社。石油化学と肥料に強い。石油価格分野ではエチレン、各種ポリマーなどのプラントの実績が多く、化学分野では尿素、アンモニアのプラントに強い。エネルギー開発分野では石油精製、ガス処理、パイプラインの敷設などを行う。インドネシアでは地熱発電プラントを受注した。またチリではアンモニア製造の実証前調査を開始しており、脱炭素化の流れに乗ろうとしている。

6366　千代田化工建設

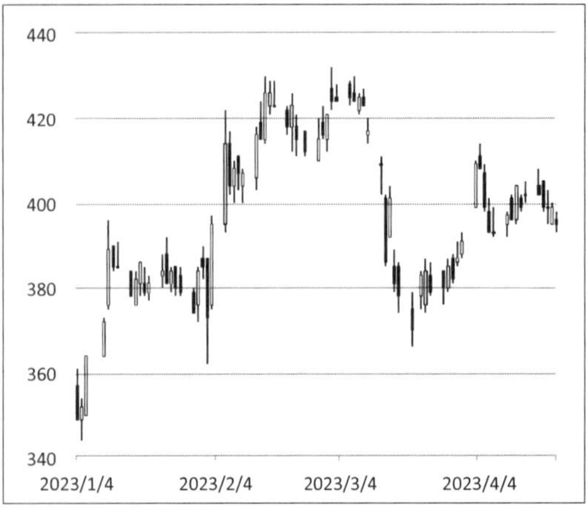

LNG に強みを持つ総合エンジニアリング企業。筆頭株主は三菱商事である。2022 年 3 月期に米国での LNG プラント建設で巨額損失を計上して経営危機に陥り、三菱商事の支援を受けた。2023 年 3 月期は米国や中東の LNG プロジェクトが順調であり、業績の復調が鮮明である。2024 年 3 月期以降、増収増益が続きそうである。

6564　ミダックホールディングス

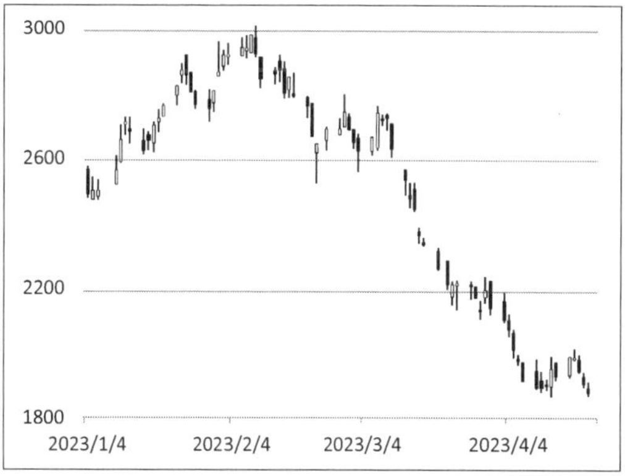

収集運搬から最終処分まで産業廃棄物の一貫処理を行っている。一般的な汚泥・廃液だけでなく、有害物質、引火性、腐食性の廃棄物にも対応する。リサイクル困難な産業廃棄物12種類を埋め立てられる管理型最終処分場と、無害な廃棄物を埋め立てる安定型最終処分場の両方を所有している。管理型最終処分場の受け入れ枠を拡大するなどして需要の増加に対応している。

6998　日本タングステン

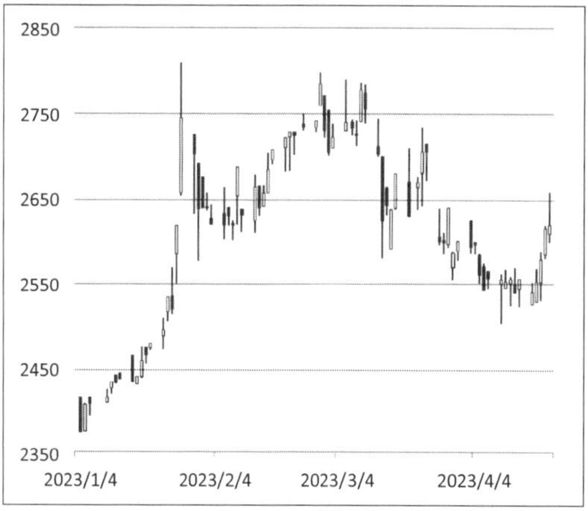

金属材料製品から産業用機械装置まで幅広く提供する材料・部品メーカー。電機部品事業は、粉末冶《や》金《きん》技術をもとに、高融点、高密度というタングステンの特性を生かして、タングステン合金製品などの金属材料製品を製造している。自動車などで用いられている。

7226 極東開発工業

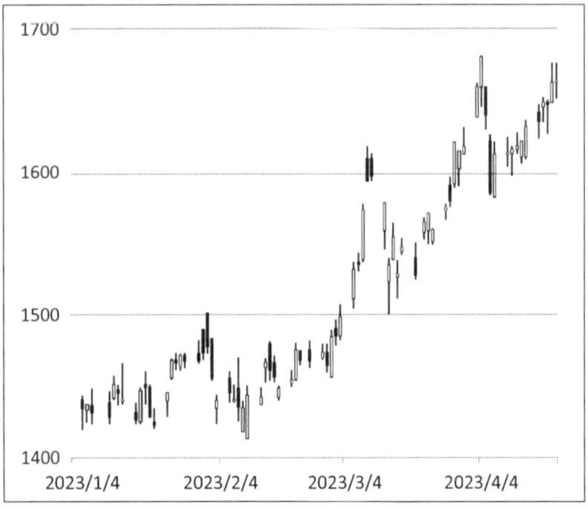

ダンプ、タンクローリー、ごみ収集車など「特装車」の大手であり、国内トップクラスのシェアを誇る。環境事業では粗大ごみの破砕処理やリサイクルセンターなどの施設、ガラスびん自動色選別機、ごみ収集車などの機器・装置を手掛けている。日野自動車の不祥事で、特装車のシャーシが調達難に陥っており、原材料高も相俟って2023年３月期は苦戦した。ただし特装車に対する需要は旺盛であり、調達遅延の解消とともに業績の回復が期待できる。

7375 リファインバースグループ

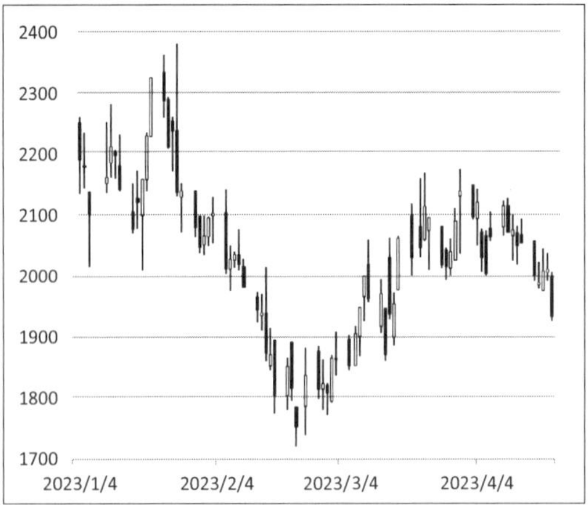

首都圏で展開する産業廃棄物処理業者。タイルカーペットの再資源化など樹脂再生技術が強みで、ホテルやオフィスなどのリニューアルで使用済みとなったタイルカーペットを再生し、大手メーカー向けに製品原料として販売する。タイルカーペット以外にも、遮音シートや建材・床材、自動車部品など様々な用途で使われている。

7456　松田産業

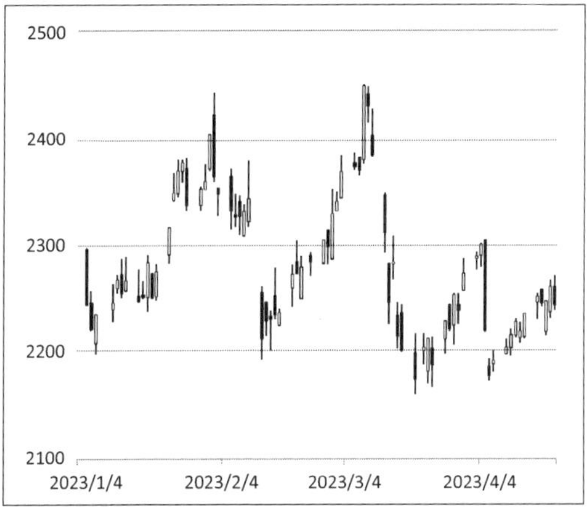

貴金属をリサイクルする貴金属部門と、廃酸・廃アルカリなどの産業廃棄物を無害化する環境部門からなる貴金属関連事業が主力。電子部品・半導体の製造過程で発生するスペックアウト品（規格に合わないもの）などのスクラップを国内外の企業から回収する。これを処理、精錬、精製し、ふたたび電子材料向けメッキ用化成品、薄膜形成材料などの貴金属材料や地金に製造して販売している。

7746　岡本硝子

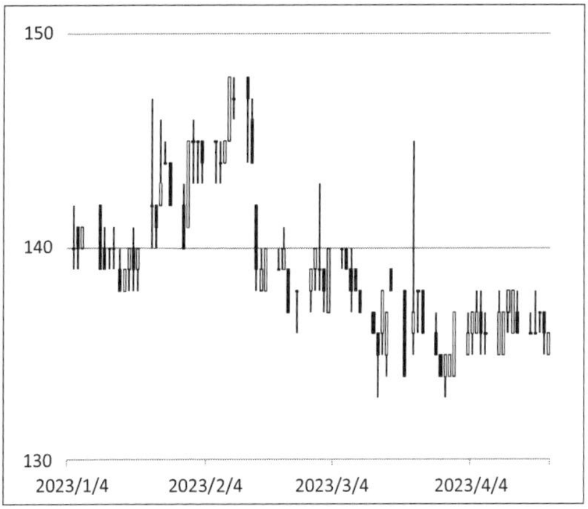

特殊ガラスおよび薄膜製品の製造販売会社である。プロジェクター用マルチレンズや反射鏡、歯科用デンタルミラーなど、世界シェアNo.1製品を複数持つ。「可視光用ガラス偏光子」「水中ビデオカメラ用ハウジング」など国内外で特許を持っており、技術力が高い。

7947 エフピコ

食品トレイ、弁当・惣菜容器のトップメーカー。1990 年から使用済みトレイの回収リサイクルを開始。2010 年には使用済みペットボトルのリサイクルプラントを導入した。サプライチェーン・マネジメントシステムを取り入れて、販売計画をもとに生産計画を立案し、資材の調達計画、製品の供給計画、在庫計画まで一元管理している。使用済み容器の回収・リサイクルにも注力しており、「エコトレイ」として再生産している。

8001 伊藤忠商事

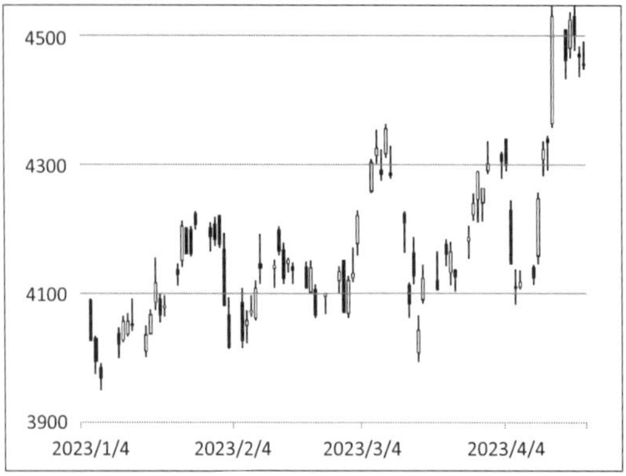

1914 年に伊藤忠合名会社として設立した。敗戦後の 1949年には「過度経済力集中排除法」により 4 社に強制分離され、伊藤忠商事として再発足した。鉱物資源分野では、鉄鉱石や石炭開発事業、銅・亜鉛などのベースメタルやレアメタルの探査・開発に注力しており、上流権益獲得を目指している。2023 年 1 月には三菱重工等と CO2 貯蔵技術の共同研究を開始した。

8002　丸紅

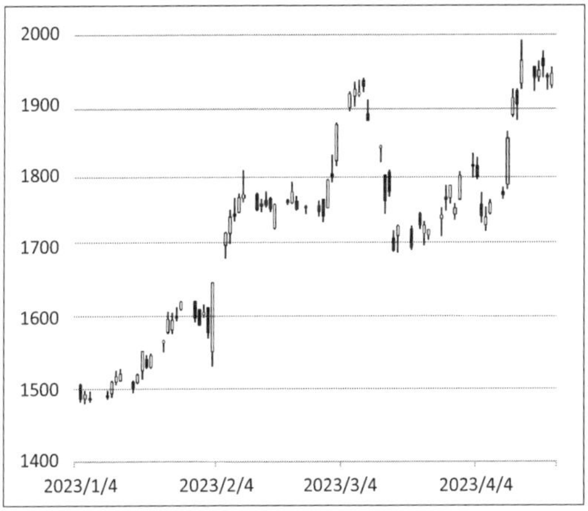

原点は伊藤忠商事と同じ1914年の伊藤忠合名会社。1949年の「過度経済力集中排除法」により丸紅として再発足した。穀物の取り扱いでは商社の中でも首位級であり、資源・エネルギー分野では銅の上流権益が強みである。チリ銅鉱山事業において日本企業ではトップクラスの持分権益（銅地金に換算した量）を保有している。

8058　三菱商事

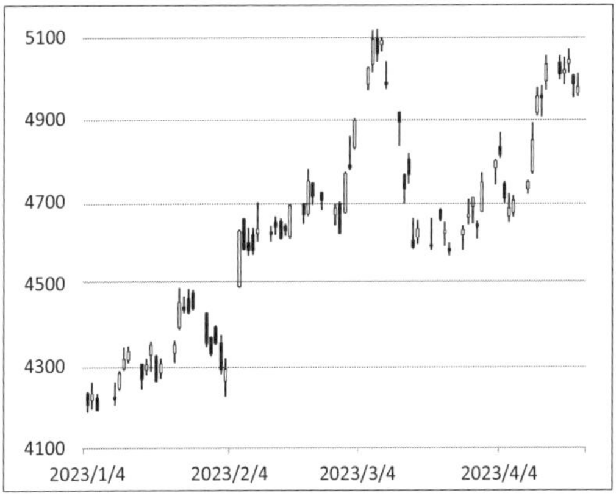

日本の総合商社のトップである。1918年に三菱合資会社営業部が独立して発足。1954年に現在の三菱商事となった。資源関連事業（石炭、銅、LNGなどの上流権益の保有、トレーディング）に強い。オーストラリアで資源メジャーのBHPと展開する原料炭事業は世界最大規模であり、年間生産能力は約6000万トンに達する。

9793 ダイセキ

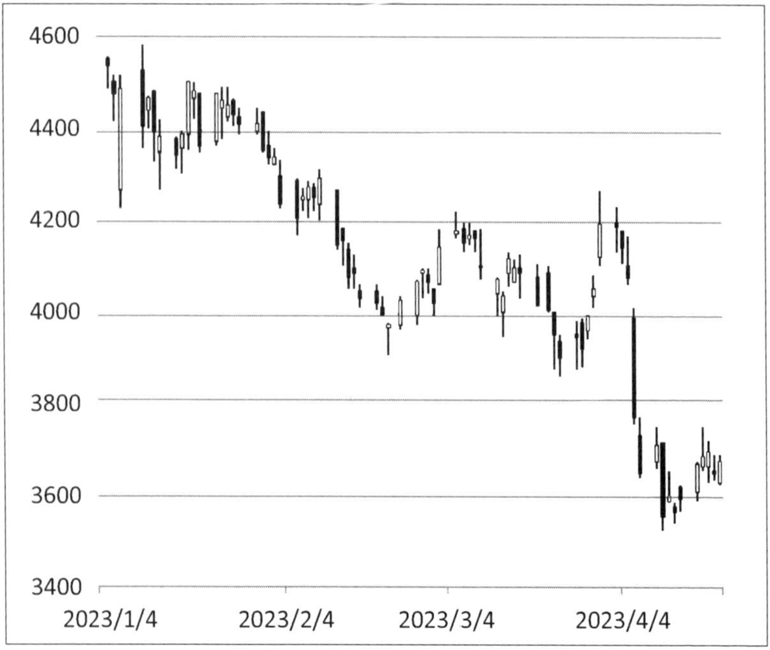

ポイント

・産業廃棄物の大手企業であり、液状産業廃棄物のリサイクルに強い。
・子会社にダイセキ環境ソリューションを保有する。

産業廃棄物処理の大手である。1958 年、石油製品の製造販売を目的として設立した。1971 年に産業廃棄物処理工場を建設し、中間処理業に本格参入した。液状産業廃棄物のリサイクルが強みで、廃水、廃油、汚泥などの収集運搬・中間処理、使用済みバッテリーの収集運搬・再利用、石油化学製品の製造販売を行う。子会社のダイセキ環境ソリューションは土壌汚染調査、浄化処理を手掛けている。

第5章

時価総額は小さいが、成長が見込まれる38銘柄

先進国の財政赤字は、巨額の財政発動のために、もはや制御不能なところまで積みあがっている。日本では日銀が無尽蔵（無制限）の金融緩和を行い、無理やりゼロ金利にすることで事なきを得た。しかし、いずれは国債の引き受けが限界に達し、金利が暴騰する。このことはもはや避けて通れない情勢だ。

〝無尽蔵の金融緩和〟により「不況下の株高」が現出《げんしゅつ》した。コロナ騒動でみんなが不況で身構えているときに、「コロナ給付金」というお金だけがばら撒かれた。このお金は設備投資や雇用などには使われず、滞留して循環して金融市場に流入した。それが金融相場＝不況下の株高となった。

今の金融相場は、不況で投資先がなくなった資金が、行き場をなくして金融市場に来ているだけのことだ。何も生まない相場だ。金余《かねあま》りで株式市場が急騰しただけ。昨今の金融市場の動乱により、つまり国債相場の乱高下により、株式市場も乱高下する。

このような中、日本取引所グループ（ＪＰＸ）の東京証券取引所は、段階的に「市場改革」を実施している。世界の先物《さきもの》市場（フューチャー・マーケット）を握るＣＭＥ（シカゴ・マーカンタイル取引所）のレオ・メラメド氏の意向によるものとされる。特に注目されるのが流動性（リクイディティ）に縛りを設けたことだ。旧東証一部と、同二部の流通株式時価総額は、かつては5億円以上あればよかった。それが２０２２年4月以降、新たに区分されたプライム市場で、１００億円以上、スタンダード市場でも10億円以上が義務付けられた。より流動性の高い市場となることが強制された。流動性の高さが上場基準として重視されるようになったことは、株式市場が発行市場、すなわち企業の資金調達の場、としてではなく、流通市場（賭場《とば》）として重視されるようになったことを意味する。

その結果、旧東証一部企業のうち、流通株式時価総額が基準に満たなかったことからプライムを諦《あきら》め、スタンダードに移行した企業が４００社出た。市場再編の目的からすれば「落ちこぼれ」にされたのかもしれない。だが、流動性の高さと企業の事業内容とは無関係だ。このスタンダード市場に落とされた企業の中にしっかりと着実に利益を出している企業が多数存在する。

従って、この第5章では、時価総額が小さい銘柄にこそ私は着目する。まさしくスタンダード市場の銘柄が多い。これらの銘柄は出来高も少なく、わずかな資金の流入、流出で大きく価格が変動する。一旦、資金が流出した小型株は放置されがちだ。しかし株式市場が活性化したら、資金循環により、まるで「しゃっくり」をするように急騰することがあるのである。

時価総額は小さいが、成長が見込まれる38銘柄（2023年4月24日）

株式コード	銘柄名	株価（円）	時価総額（百万円）	取引所	PER（倍）	PBR（倍）	配当利回り
1726	ビーアールホールディングス	369	16,898	プライム	16.73x	1.26x	3.25%
2301	学情	1,686	26,234	プライム	15.20x	2.00x	2.85%
2311	エプコ	736	6,857	プライム	21.44x	1.50x	4.35%
2393	日本ケアサプライ	1,597	26,099	スタンダード	15.51x	1.58x	4.38%
2590	ダイドーグループホールディングス	5,040	83,505	プライム	n/a	0.95x	1.19%
2735	ワッツ	696	9,674	プライム	17.83x	0.79x	2.16%
2820	やまみ	1,352	9,420	プライム	13.46x	1.19x	2.37%
2961	日本調理機	2,580	2,930	スタンダード	9.33x	0.46x	3.88%
3161	アゼアス	714	4,345	スタンダード	9.53x	0.62x	3.08%
3447	信和	718	10,126	スタンダード	9.24x	0.65x	4.46%
3968	セグエグループ	770	9,021	プライム	12.82x	2.35x	3.90%
4350	メディカルシステムネットワーク	406	12,441	プライム	7.00x	0.87x	2.96%
4659	エイジス	2,367	25,495	スタンダード	11.08x	0.93x	338.00%
4956	コニシ	1,969	80,153	プライム	7.31x	0.93x	2.49%
4998	フマキラー	1,072	17,677	スタンダード	18.39x	0.88x	2.05%
5011	ニチレキ	1,657	52,504	プライム	7.03x	0.71x	3.02%
5161	西川ゴム工業	1,172	23,435	スタンダード	37.71x	0.32x	3.41%
5237	ノザワ	728	8,791	スタンダード	13.84x	0.45x	4.81%
5268	旭コンクリート工業	686	9,078	スタンダード	29.09x	0.89x	1.90%

株式コード	銘柄名	株価（円）	時価総額（百万円）	取引所	PER（倍）	PBR（倍）	配当利回り
6018	阪神内燃機工業	1,648	5,338	スタンダード	14.78x	0.39x	2.43%
6231	木村工機	2,250	8,660	スタンダード	8.78x	1.12x	1.11%
6309	巴工業	2,456	25,870	プライム	12.01x	0.72x	2.28%
6363	酉島製作所	1,570	45,602	プライム	8.67x	0.97x	2.80%
6492	岡野バルブ製造	2,868	5,142	スタンダード	14.23x	0.50x	0.70%
6496	中北製作所	2,335	8,950	スタンダード	12.83x	0.36x	3.00%
6517	デンヨー	1,769	40,439	プライム	15.28x	0.56x	2.71%
7065	ユーピーアール	1,978	15,151	スタンダード	20.20x	1.88x	0.66%
7235	東京ラヂエーター製造	539	7,762	スタンダード	n/a	0.36x	2.97%
7277	TBK	276	8,121	プライム	n/a	0.28x	0.00%
7590	タカショー	684	12,032	プライム	17.70x	0.90x	2.34%
7677	ヤシマキザイ	2,060	5,933	スタンダード	22.22x	0.62x	1.21%
7879	ノダ	1,235	21,414	スタンダード	5.51x	0.54x	4.86%
7906	ヨネックス	1,562	146,236	スタンダード	18.91x	2.54x	0.70%
8151	東陽テクニカ	1,404	36,623	プライム	16.43x	1.17x	3.70%
9755	応用地質	2,081	53,408	プライム	16.61x	0.72x	2.40%
9857	英和	1,254	8,113	スタンダード	6.61x	0.60x	3.27%
9960	東テク	4,370	61,128	プライム	11.96x	1.39x	3.36%
9991	ジェコス	932	31,498	プライム	9.56x	0.56x	3.76%

1726 ビーアールホールディングス

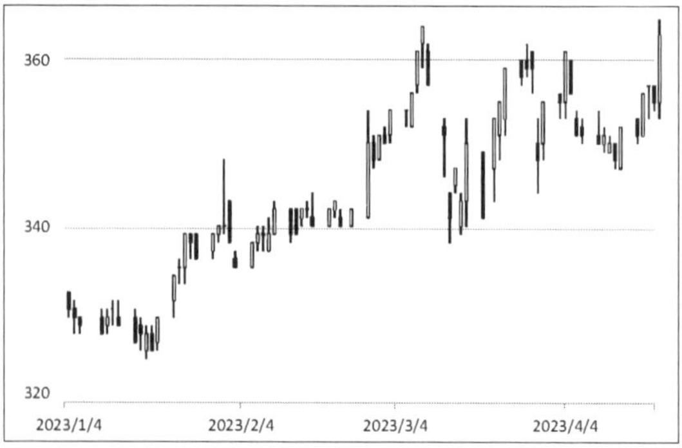

2002 年に広島で創業。鉄筋コンクリートより強度が高いプレストレスト・コンクリート（ PC ）を用いた工事と関連製品の販売を手掛けている。創業時点のシェアは専業 10 社で最下位であったが、積極的な M&A により業界 3 位まで浮上した。高速道路各社の大規模更新工事で PC 床版の取替工事が進行中であり、この会社にとって強い追い風が吹いている。

2301 学情

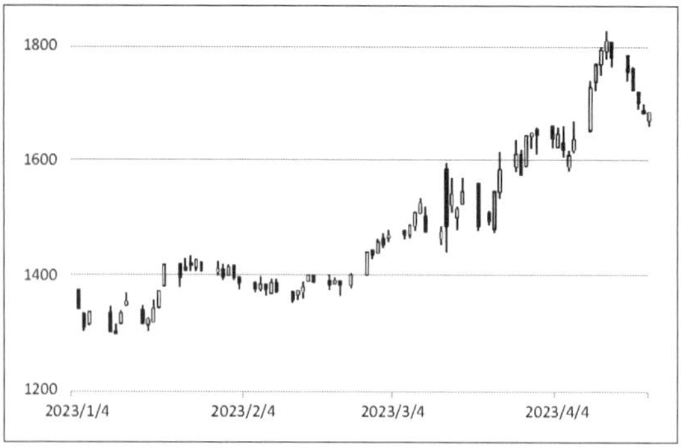

20 代に特化した就職サイトを展開している。新卒採用専用の「就職博（会場での面接会）」と、20 代の中途採用の専用サイト「 Re 就活」を運営している。新卒、第 2 新卒が欲しい企業と、卒業生を就職させたい大学のニーズをマッチングしてきたことで両者から高い信頼を得ている。朝日新聞社と資本業務提携していることも信頼される要素の 1 つ。

2311　エプコ

戸建住宅の給排水設備の設計と維持管理を手掛けている。大手ハウスメーカーが主たる取引先であり、戸建ごとの給排水設計図面、部材情報をデータベース化している。水回りのトラブル発生に対応するコールセンターも設置。ここ数年、TEPCO ホームテックと提携して省エネサービスに注力中。

2393　日本ケアサプライ

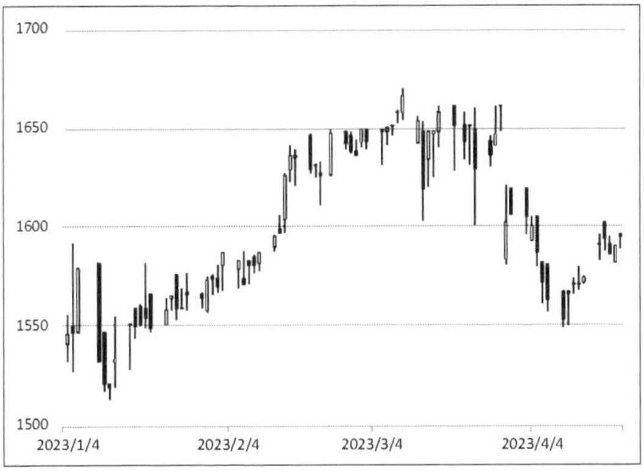

介護保険の対象となる福祉用具のレンタル卸大手。物流機能を持つ営業所を全国に展開している。事業者向けの高齢者専門 EC サイトの運営や、高齢者向け食事サービスも展開している。コロナ騒動の影響もあり在宅介護需要は増大していることから売上高は着実に伸びている。大株主は三菱商事と綜合警備保障（ALSOK）。

2590 ダイドーグループホールディングス

自動販売機に特化した飲料事業が主体の持ち株会社。1975 年に大同薬品から分離独立したこともあり現在でも製薬事業を継続している。自販機の機種を絞り込んで設備投資を削減し、浮いた資金で IoT を活用した作業の効率化を推進。積極的な自販機の出店を続けている。トルコに進出しており海外展開も志向。

2735 ワッツ

100 円ショップ大手の一角。同業他社が売場面積拡大による収益増を目指しているのに対して、この会社は狭小な立地での生活必需品中心の店舗展開に強みを持つ。海外展開や異業種の M&A も推進しているが、見込みがないときは即座に撤退しており、経営陣の意思決定が迅速である点も特徴。

2820 やまみ

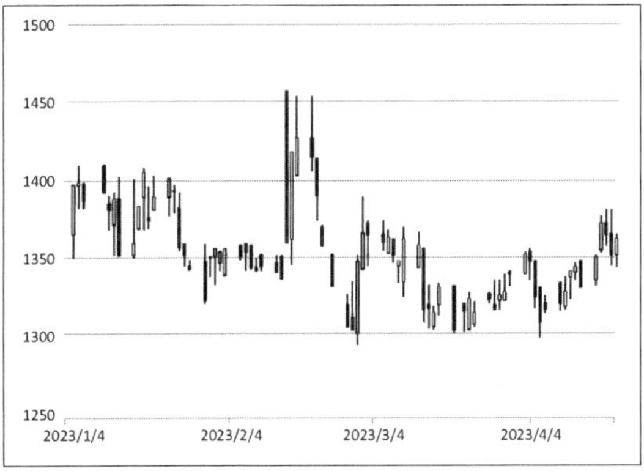

広島の豆腐専業メーカー。積極的な全国展開を推進している。豆腐は形が崩れやすく、水に浸した状態での運搬、保存が必要なため、大量生産には向かないとされてきた。しかしこの会社は関西と関東にも大型工場を設置して大都市圏をカバーする体制を構築。大手流通チェーンへの大量供給が可能となったことで引き合いが増えている。高齢化で豆腐の消費量が増えていることも追い風。

2961 日本調理機

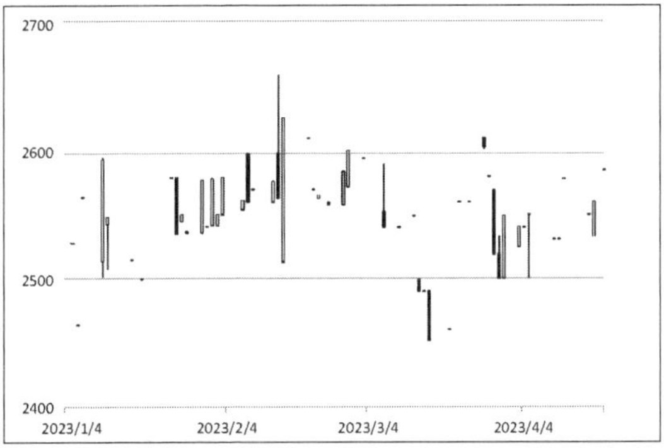

主として学校や病院などいわゆる集団給食施設向けに業務用厨房機器を製造・販売している。既存納入先に対して採算性の高い保守サービスも展開している。食器用洗浄機や炊飯器、加熱器などあらゆる調理機器を手掛けており、自社開発品にも注力中。集団給食の分野は安全、安心が第一とされることから保守サービスの定着率が高いことが特徴。

3161 アゼアス

ポイント

・米デュポン社製防護服を取り扱う。
・大学と連携して開発力を強化中。

感染症や放射能、アスベストなどの防護服・環境資機材を手掛ける。米国デュポン社製の防護服が主力であるが、自社製品も販売している。アパレル資材、畳床用資材など畳に関する資材全般の販売も手掛けている。信州大学繊維学部内に防護服の研究開発拠点を開設するなど開発力を強化している。また、秋田に新工場を設置し、自社製品の高品質マスクの生産を開始しており、ヘルスケア製品にも注力中。足元ではコロナ騒動に一服感が出ていることから感染症対策需要は横這いで推移している一方で、化学物質対策向けが好調。

この会社の取り扱う製品は医療や消防の現場で使われるものであり、安定的な需要が存在することに加え、東日本大震災やコロナ騒動、鳥インフルエンザなど、汚染が意識される時に注目され、急騰する。600円が底値として意識されていることから、その近辺で拾っておくとよい。

3447 信和

工事現場で使われる足場の会社。次世代足場と呼ばれる安全性の高い足場で高いシェアを占めている。建設現場は人手不足により外国人労働者が増えており、足場の設置ミスなどによる事故が増加している。次世代足場は、熟練のとび職人でなくても簡単に組み立てられるよう工夫されており、現場で支持されるようになっている。インフラの老朽化に伴う更新需要拡大も追い風。

3968 セグエグループ

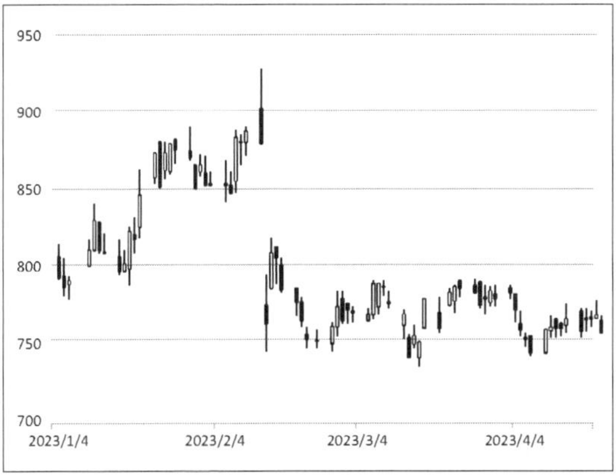

情報通信事業の子会社群を束ねる持ち株会社。主力事業はコンピューターのセキュリティ製品の販売。海外製品の輸入販売に加え、自社製品も市場投入している。自治体のマイナンバー対策でセキュリティへの補助金が出た際、自社開発品「SCVX」が多数導入された。その更新需要が現在出ている。国内の大手企業との提携も模索中。

4350 メディカルシステムネットワーク

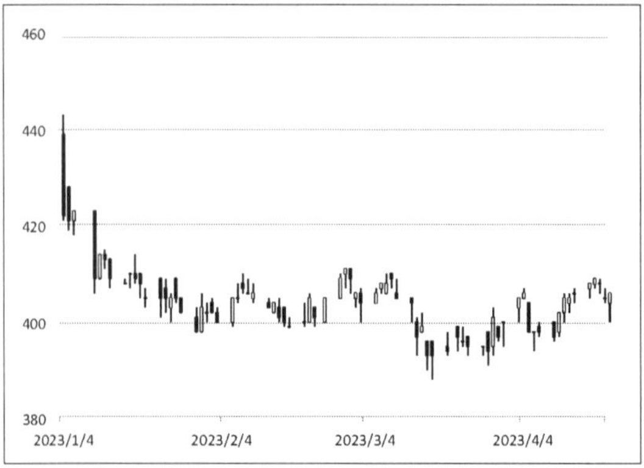

北海道が地盤の調剤薬局持ち株会社。調剤薬局向けの情報システムが祖業であり、積極的なM&Aにより全国展開が進んでいる。加盟薬局数が増えることでシステム導入が進み、まとまった数量を取り扱えるようになったことで、卸業者に対する交渉力が増している。介護や医師の開業支援なども展開中。

4659 エイジス

店舗の棚卸代行で国内首位。全国展開している唯一の企業。コンビニや大手スーパーなどの大手は全国で定期的に棚卸を行う必要があることからこの会社のサービスが必要不可欠。近年、アジア各国に積極的に進出しており、新興国の経済成長を取り込もうとしている。国内では従業員の勤務状況をチェックするサービスなども手掛けている。自治体向けの防災備蓄品管理業務に注力中。

4956　コニシ

合成接着剤の国内首位メーカー。「木工用ボンド」で有名だが創業は1870年と古く、もともとは薬種問屋であった。ボンドは戸建住宅の床用接着剤やマンションの外壁の補修用接着剤など、特定の分野で高いシェアを獲得している。M&Aにより土木工事会社を買収、その収益貢献度も高まっている。原価高を価格転嫁でカバーしており好業績が続く見通し。

4998　フマキラー

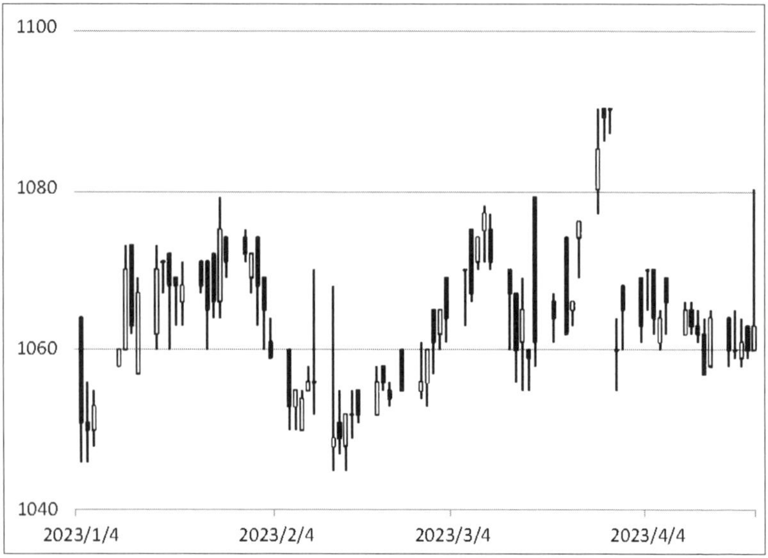

ポイント

・主力製品「ベープ」は世界 70 カ国で販売されている人気商品。
・経済成長が続く東南アジアで高いシェアを獲得している。

殺虫剤の大手メーカーであり、除草剤や園芸用品も手掛ける。主力製品の「ベープ」は今では世界 70 カ国で販売されている。国内ではアウトドア志向の高まりからキャンプ向けに殺虫剤が好調であり、海外では東南アジアで高いシェアを誇る。2012 年にマレーシアとインドネシアの殺虫剤メーカーを買収したことを皮切りに海外展開を積極化しており、2021 年には欧州企業を買収した。新興国の経済成長に伴い快適な生活が求められるようになっており、売上高は順調に伸びている。前年度は原材料高の影響で減益を余儀なくされたものの今年度は海外の値上げでカバーできる見通し。

5011　ニチレキ

ポイント

- 道路舗装材料のメーカーであり、高い技術力を持つ。
- 道路の維持・更新需要の取り込みに注力。

1943年創業の道路舗装材料のメーカー。地域ごとに子会社を置き、工事も行う。通常のアスファルトよりも耐久性の高い改質アスファルトでは国内トップクラス。アスファルト乳剤でも高いシェアを占めている。国内の道路は高度経済成長期に急速に整備されたため、現在では劣化が進んでいる。この会社は各自治体と組んで道路の劣化診断を行い、道路の維持・更新需要を取り込もうとしている。道路の長寿命化製品を開発するなど、メーカーとして高い技術力を有する。

5161 西川ゴム工業

自動車向けシーリング材のメーカー。全ての日系自動車メーカーにシール製品を納入している。開発段階から参画し、窓周りや電装用品パッキンなどで使われるシールを手掛ける。特にドアウェザーストリップ（車のドアとボディの隙間を埋める、帯状のシール）では国内トップシェア。国内メーカーの海外進出に合わせて海外展開を進めており、現地カーメーカーへの販促も成果をあげている。

5237 ノザワ

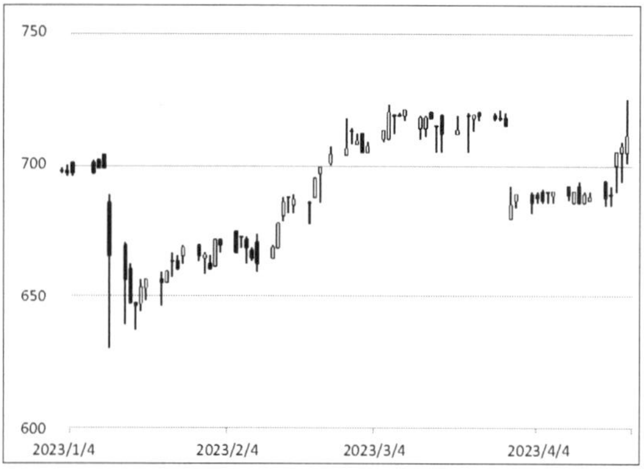

ビルの外壁に用いられる押出成形セメント板「アスロック」が主力製品。セメント建材メーカーとして100年を超える歴史を有する。1970年にアスロックの量産化に成功して以来、同製品が主力。常温での加工が容易なフレキシブルシート、建材原料である蛇紋岩が原料の農薬マインマグなど、製品の開発力にも定評がある。コロナ騒動一服により再開発案件が出始めており業績の底打ちは近い。

5268 旭コンクリート工業

ポイント

・主力製品は下水道管路やトンネルなどで用いられる省人化製品。
・高度成長期に整備されたインフラが劣化しており製品ニーズが増大。

太平洋セメント系のコンクリート管メーカー。主力製品はPC（プレキャスト）ボックスカルバートであり、下水用管路や地下道、トンネルなどで用いられる。工場で成形し、現場では据え付け工事だけを行うことから、現場の工期短縮、省人化、機械化に役立つ。国内のインフラは高度経済成長期の1970年代から半世紀を経て劣化が進んでおり、交換需要が顕在化している。財政の制約が厳しくなる中でもインフラの劣化を抑制するためにはこの会社の製品のような効率化に資する工法、製品の活用が不可欠であり、安定的な需要が見込める。

6018 阪神内燃機工業

内航船（国内船）向けエンジンの老舗メーカー。アフターサービスが利益の源泉。国内の船舶の基準は国内法に基づいており、外航船とは異なる。そのため市場規模が小さく、中国や韓国などの大手造船メーカーが参入してこない。近年、物流費用の高騰と、トラックドライバーの担い手不足から内航船を使ったモーダル・シフトが注目されている。

6231 木村工機

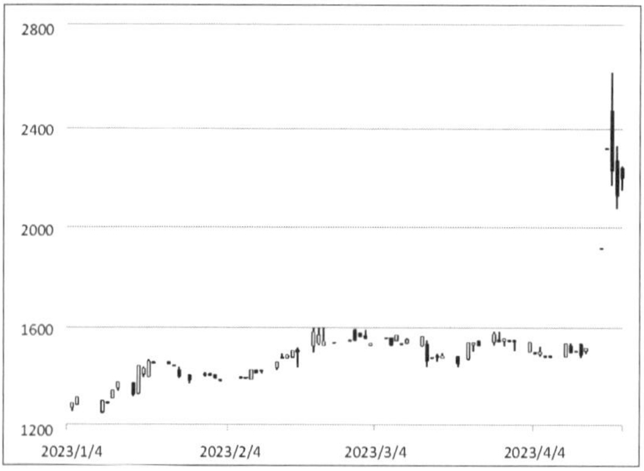

工場などの産業向け空調機器に強い空調メーカー。空気中の熱を集めて使うヒートポンプ式に強く、省エネルギー性能に定評がある。食品工場や半導体工場向けの受注が旺盛であり、病院や老健施設向けも好調。熱交換器用の新工場を稼働させ、旺盛な需要に対応。原材料高により利益が圧迫されていることから価格改定を進めている。

6309　巴工業

遠心分離機を主力とする機械メーカー。大型かつ縦型式の遠心分離機を製造できる世界でも稀有な企業。専門商社として化学工業製品の仕入販売も手掛けている。下水道分野の遠心分離機で多数の実績があり、国内シェアは5割強。中国向けの塩ビプラント用途にも強い。国内の下水道施設の更新需要と中国の環境規制の厳格化が追い風。

6363　酉島製作所

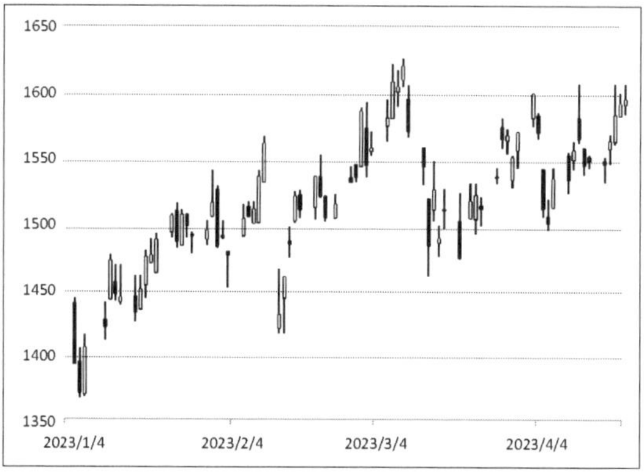

海水淡水化プラントや火力発電所向けの大型高圧給水ポンプで世界シェア4割のトップメーカー。海外での事業展開が進んでおり、1970年代から中東の海水淡水化プラント向けに製品を販売している。海外の更新需要を取り込むためにグローバルなメンテナンスサービス網を構築した。ゼロコロナ解除により中国の公共投資向けも期待できる。

6492 岡野バルブ製造

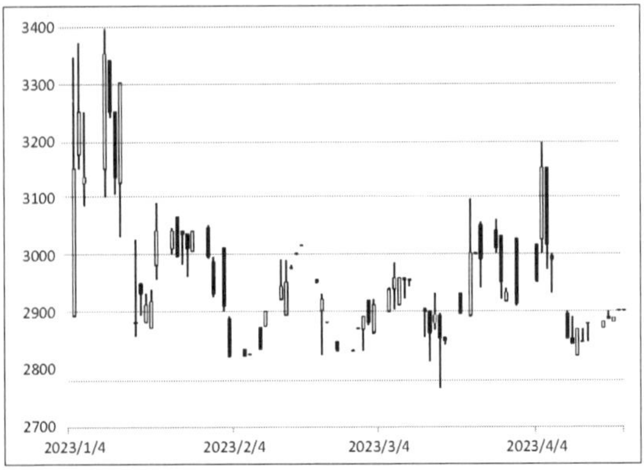

原子力発電を始めとする発電設備の大型高温高圧バルブの国内最大手メーカー。1932年に発電用高温高圧バルブの国産化に成功。1966年には日本初の商用原子力発電所へのバルブを納入するなど、業界のパイオニア的存在。東日本大震災で原発がストップしたため業績が悪化していたが、ウクライナ戦争によるエネルギー価格高騰の影響から原子力発電の再稼働が動き出しており、メンテナンス案件が増えている。

6496 中北製作所

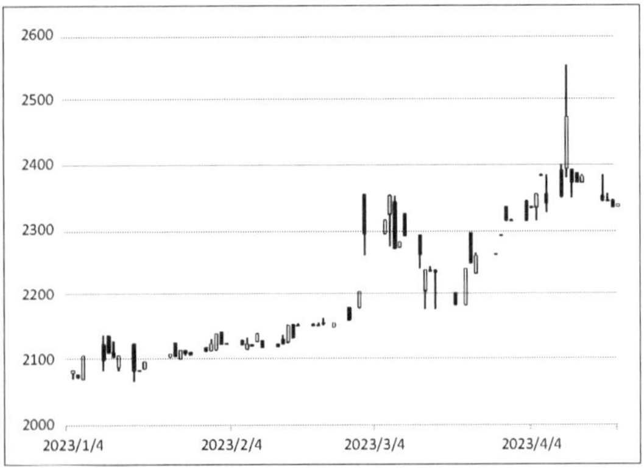

流体を制御する自動調節バルブの国内トップメーカー。発電所やごみ焼却プラントなど幅広い分野で使われている。特に船舶用バルブに強く、船体の姿勢制御や荷役制御のバルブをはじめエンジン、計測機器、制御盤を一括製造できる世界唯一のメーカーとして世界的な評価を得ている。大量生産品ではなく多品種少量生産を得意とする。資材価格高騰の影響を受けて足元では採算性が低下しているものの価格転嫁に注力中であり、浸透しつつある。

6517　デンヨー

主力の可搬式発電機で国内シェア6割強のトップメーカー。世界シェアも2割を占める。設置型の防災用発電機では国内シェア2割。自治体が災害に備えてレンタル業者と協定を結ぶ動きが進んでおり、レンタル向けが堅調。災害時の拠点用に設置型電源を非常用電源として売り込んでいる。工場の能力増強を実施して需要増に対応している。

7065　ユーピーアール

箱型荷台（パレット）のレンタル・販売会社。国内に多数の配送拠点を構えており、東南アジアへの展開も注力中。様々な種類のパレットを揃えているだけでなく、遠隔操作や輸送管理システムをはじめとするIT事業も営んでいる。主力のプラスチックパレットは、既存の木製パレットに比べ、再生利用が可能であり、軽量で扱いやすく、耐水性にも優れているといった点が評価されている。そのため既存品からの入れ替えが進んでいる。

7235　東京ラヂエーター製造

トラック用のラジエーターやクーラーを製造・販売している。いすゞ向けが5割を超えており、同社向けのラジエーターを一手に引き受けている。また中国カーメーカー向けにEGRクーラー（排ガス再循環システム）が好調。親会社が経営破綻に追い込まれたこともあり株価も上値が重い。ただしトラック需要は新興国、特に東南アジアで増大しており、環境性能の高さを併せ持つこの会社の製品に対する需要は底堅い。

7277　TBK

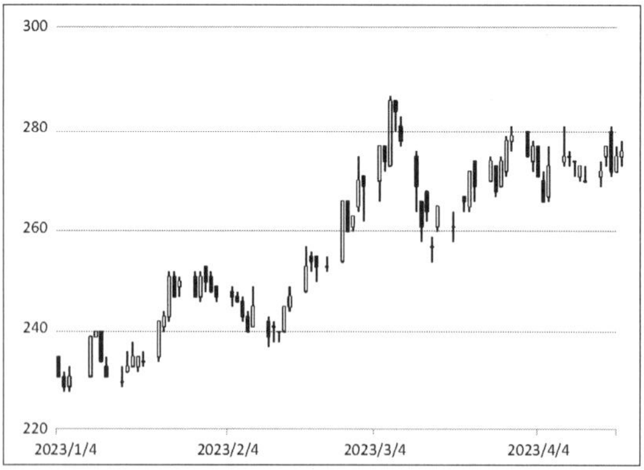

自動車部品メーカー。トラックなど大型車や建機車両に搭載されるブレーキ、エンジン用冷却ポンプなどを手掛けている。4トン以上の中大型車のブレーキの国内シェアは6割強とトップ。特にいすゞとの取引が多い。中国市場の開拓に注力中。ガソリン車から電気自動車へのシフトが起きてもブレーキはなくならないことから、中長期にわたり仕事がなくならない。

7590 タカショー

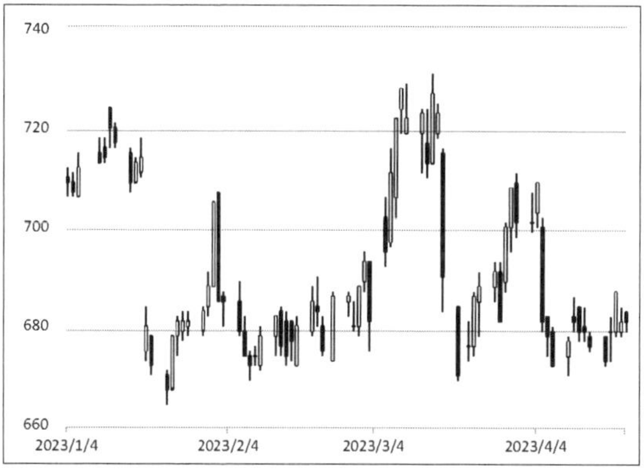

ガーデニング用品のトップメーカー。積水ハウスが最大の顧客。戸建の付加価値を高めるためにガーデニングが注目されている。アマゾンジャパンの国内 No.1 サプライヤーに選ばれるなど、E コマースでも実績がある。積極的に海外進出しており、M&A を駆使して急速にグローバル化を進めている。自社製品比率を高め採算性改善に注力している。

7677 ヤシマキザイ

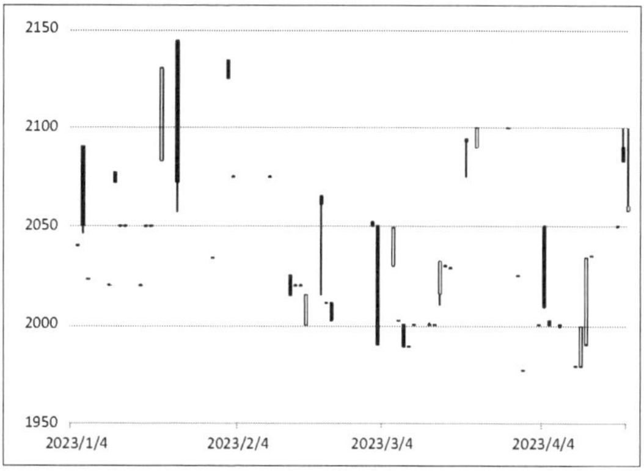

鉄道関連製品の専門商社。JR を始めとする鉄道各社や鉄道用車両メーカーなどに各種機器や部品の供給、メンテナンスを手掛けている。また、電力関連機器など一般産業向けも手掛けている。コロナ騒動で鉄道各社の収益は大きく落ち込んでいたため、当面は低採算案件の発注が多くなる見通しであることから業績回復には時間がかかりそう。ただし業界随一の品揃えと実績があるため、鉄道事業会社の収益回復の恩恵を大きく受けることが期待できる。

7879 ノダ

住宅建材メーカー。木材を使った内装材に強く、国産針葉樹合板、輸入南洋材合板を使った合板事業も手掛けている。素材から建材製品までグループで一貫生産できる体制を構築している。2022 年 11 月期は合板の先高観測により販売価格が上昇、価格転嫁も奏功して利益が急増した。独自工法により介護施設など非住宅向けにも注力中。

7906 ヨネックス

バトミントン、テニス、スノーボードなどスポーツ用品の世界大手。高価格帯のラケットは創業の地である新潟県長岡市で生産している。利益の稼ぎ頭はアジアであり、特に中国では経済成長とともにスポーツ需要が高まっている。2021 年にバトミントン中国代表チームと契約したことで同国における認知度が一段と高まり販売が急拡大した。台湾もバトミントンが盛んであり好調。

8151 東陽テクニカ

輸入計測器の専門商社。輸入品に加え、自社製品の開発や既製品のカスタマイズも行う。電磁波で電子機器が誤作動しないか確認する EMC 測定器で国内トップシェア。研究開発用途の測定機器に強く、ユーザーのニーズに合わせた提案力に定評がある。北米市場と中国市場の開拓に注力中。2023 年 4 月には JAXA にて「衛星レーザー測距システム」が稼働を開始した。

9755 応用地質

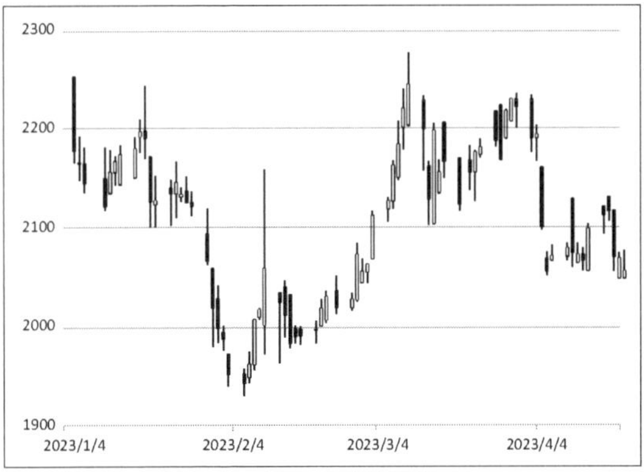

地質調査で国内首位。インフラの維持管理を支援するメンテナンス事業や、防災・減災事業などを手掛ける。水道管やガス管など地下埋設物を非破壊検査し、3 次元マップを作成する「地中可視化サービス」など、既存インフラの維持に必須の技術を持つ。センサーを使って冠水や土砂の状況を地質情報と組み合わせることで、自然災害のリスクを見積もるサービスも手掛けている。

9857 英和

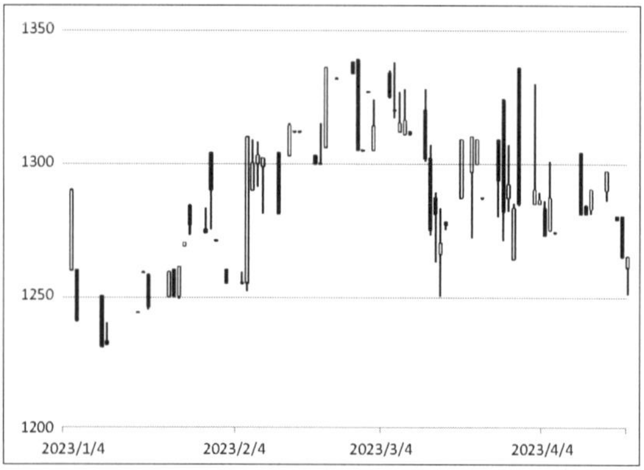

工業用計測制御機器の技術専門商社。700社の仕入先から一万アイテムを調達して販売している。石油化学、機械装置、電気機器、プラント、自動車、鉄鋼など、幅広い産業の顧客基盤があることから景気変動の影響を比較的受けにくい。また、独立系の商社として最適な製品を提案することが可能であり、大企業の固定客が多い。そのため安定的な業績を確保している。足元では主力の工業用計測制御機器が好調。

9960 東テク

オフィスビルの空調関連機器商社であり、ダイキン工業の取り扱いでは国内首位。空調機器の据え付けも行う。創業来、赤字に陥ったことがない。首都圏の再開発需要が活発化していることが追い風。物流センターやデータセンター向けの案件も増加している。大崎電気工業のシンガポール子会社を買収し、アジア展開を進めている。2023年3月期は過去最高益を更新した。

9991　ジェコス

JFEの系列会社であり仮設機材リースの最大手。仮設機材は土木工事の基礎工事で地盤を掘削するときに、土砂災害を防ぐための壁を補強する部材として使われる。また、インフラのメンテナンス時にも使われる。この会社は建機レンタルでもトップクラスであり、工事事業も手掛けている。仮設機材のリースだけでなく工事まで一括して請け負うことで施工効率を高めることに注力中。

あとがき

２０２３年に入り、日本株市場は活況を呈している。４月、５月と大量の外人買いにより、東証株価指数（ＴＯＰＩＸ）は33年ぶりの高値を付けた（５月23日）。これはご祝儀《しゅうぎ》相場だ。日本にＮＡＴＯ（北大西洋条約機構）の事務所を置くことが決まり、西側陣営の一員として逃げられないようにしたことへのご祝儀だ。

ただし、この間、為替は円安に振れている。４月５日の１ドル１３１円台から５月26日には１４０円台まで、この２ヵ月で、約９円の円安になっている。「株式市場の外人買い」を「はるかに上回る円売りドル買い」があった、ということだ。Ｇ７で日本に来たバイデンが、日本から10兆円、20兆円のお金をむしり取ったのではないか。そうでなければ、「大量の外人買いが入ったのになぜか円安になった」ということの辻褄《つじつま》が合わない。

債務上限問題という「お金の話」で七転八倒《しちてんばっとう》しているバイデンが、わざわざ日本に来たのは、日本から金をむしり取って、お金の話を何とかしようとしたためだ、と考えれば辻褄が合う。日本は今でもアメリカの属国であり、都合のいいＡＴＭのような役回りをずっとやらされている。

この30年間、日本は全く成長していない。増えたのは借金だけだ。それでいて少子高齢化により日本の就労人口は減っている。だから、これから日本は大増税国家になる。

このような成長のない日本で、それでも資産を守り、増やそうとするならば、業績が拡大している企業の株に投資するしかない。日本に本社があり、日本の株式市場に上場している企業の中には、本書で紹介したように、着実に利益を出している企業がたくさんある。バブル崩壊後の30年間を、国に頼らず、自力で生き残ってきた企業だ。自分に経営の才や商売の才がなくても、親から受け継いだお金がある人は、これらの企業の株に投資して、株価が上昇することに賭けたらよい。

株式は企業の所有分であり、実物だ。これからの動乱の時代、株式市場はものすごく乱高下するだろうが、企業は株式市場の乱高下とは無関係に、生き残りを賭けて事業活動に邁進《まいしん》する。だから、株式市場の変動に一喜一憂せず、動乱の時代でも生き残る企業に投資して、5年でも10年でも保有しておく。動乱の時代が終わり、新たな時代が来た時に、生き残った企業の株価は、「5年、10年、保有してよかった」と思えるくらい、上昇していることだろう。

本書は、師匠である副島隆彦先生の叱咤《しった》激励と、秀和システムの小笠原豊樹編集長のアドバイスにより、何とか出来上がった。お二人がいなければ、一介の相場師に出版の機会など与えられるはずがない。副島先生、小笠原編集長、どうもありがとうございます。

2023年6月

久保 修

■監修者プロフィール

副島 隆彦（そえじま たかひこ）

評論家。副島国家戦略研究所（SNSI）主宰。1953年、福岡県生まれ。早稲田大学法学部卒業。外資系銀行員、予備校講師、常葉学園大学教授等を歴任。主著『世界覇権国アメリカを動かす政治家と知識人たち』（講談社＋α文庫）、『決定版 属国 日本論』（PHP研究所）ほか著書多数。

■著者プロフィール

久保 修（くぼ おさむ）

早稲田大学大学院ファイナンス研究科（現・経営管理研究科）修了。日系証券会社でトレーディングに従事。外資系運用会社に移籍後、日本株の運用に携わっている。

プロが厳選《げんせん》する　世界大恐慌《せかいだいきょうこう》が来《き》ても
絶対大丈夫《ぜったいだいじょうぶ》な株《かぶ》200銘柄《めいがら》

発行日　2023年 7月20日　　第1版第1刷

著　者　久保《くぼ》　修《おさむ》
監修者　副島《そえじま》　隆彦《たかひこ》

発行者　斉藤　和邦
発行所　株式会社　秀和システム
〒135-0016
東京都江東区東陽2-4-2　新宮ビル2F
Tel 03-6264-3105（販売）Fax 03-6264-3094
印刷所　日経印刷株式会社　　Printed in Japan

ISBN978-4-7980-7048-3 C0033